insel taschenbuch 2103

Alain

Die Kunst, sich und andere zu erkennen

Alain (eigentlich Emile Chartier), geboren am 3. März 1868 in Mortagne-au-Perche, ist am 2. Juni 1951 in Le Vésinet bei Paris gestorben.

Wenn sich Nietzsche den Psychologen unter den Philosophen nannte, wenn Thomas von Aquin der Theologe unter ihnen war, so war der Franzose Alain der Pädagoge unter den Denkern. Das Verfahren der Pädagogik, läßt Goethe in den »Wahlverwandtschaften« Charlotte sagen, sei Abwechslung ohne Zerstreuung. Mit dieser Form ließe sich vielleicht der Reichtum der Propos bestimmen. Von den rund zweitausend Propos, die gedruckt vorliegen, sind für diesen Band die schönsten ausgewählt und übersetzt worden. Die Abwechslung ist es dabei, die zuerst ins Auge fällt; denn die hier versammelten Themen reichen von Homer bis Paul Valéry, von Platon bis Darwin, von Sokrates bis Spinoza. Ständige Förderung des Lesers, die auf dessen Freiheit des Geistes zielt, kann man wohl als hochherziges Ziel Alains nennen. Den ganzen Reichtum aber hat Alain vermutlich nur erwerben können dank jener Eigenschaft, die er an der Antike rühmt, der Seelengröße. Hochherzigkeit und Seelengröße bilden so das Koordinatensystem von Alains Schaffen.

Alain
Die Kunst, sich und andere zu erkennen

Fünfundfünfzig Propos
und ein Essay
Auswahl, Übersetzung
und Nachwort von
Franz Joseph Krebs

Insel Verlag

insel taschenbuch 2103
Erste Auflage 1997
Insel Verlag Frankfurt am Main und Leipzig

Textnachweise und Hinweise zu dieser Ausgabe
am Schluß des Bandes
Vertrieb durch den Suhrkamp Taschenbuch Verlag
Umschlag nach Entwürfen von Willy Fleckhaus
Druck: Nomos Verlagsgesellschaft, Baden-Baden
Printed in Germany

1 2 3 4 5 6 – 02 01 00 99 98 97

INHALT

Die Dinge warten nur
auf einen Blick von Ihnen,
um sich Ihrer anzunehmen
und Sie zu tragen.
Man müßte lernen,
freundlich und gut zu sich zu sein.

Alain

STATT EINES VORWORTS

Das Paradox des Menschen besteht darin, daß alles gesagt und nichts begriffen ist. Alles ist gesagt über den Krieg; alles über die Leidenschaften. Die wirkliche Menschheit setzt sich zusammen aus schönen Formen voller Sinn, die der Kult bewahrt hat. Aber man muß daran schlagen wie an Glocken; denn die Form schließt sich immer wieder um den Sinn und spricht allein durch die Schönheit. Hier liegt die Aufgabe der Aufmerksamkeit. Wenn man auf solche Weise nicht erwacht, erwacht man überhaupt nicht. Ein Zeichen verweist uns an ein anderes. Und unsere ersten Lehrer sind jene Worte, die Monumente sind.

Alain, *Mnemosyne*, 20. Oktober 1922

DIE HÖCHSTE TUGEND DES SCHRIFTSTELLERS

Ein Autor ist nicht verpflichtet, sich öffentlich zu zeigen. Denn wenn seine Schriften nicht ganz und gar schwach sind, wird er dabei verlieren. Die Unterhaltung hat tyrannische Gesetze; wenn ein Autor in Gesellschaft nachdächte, wie er es mit der Feder in der Hand tut, würde das eine Beleidigung sein durch ein völliges Vergessen derer, die um ihn sind. Daher wird er aus Gefälligkeit dem folgen, was man sagt, antworten, widersprechen, aufs Geratewohl sich auf den Bahnen der anderen bewegen; wenn er kein Pedant ist, wird er ganz gewöhnlich sein. Ich bin sogar sicher, daß ein hochherziger und verschwenderischer Geist sich in Unterhaltungen zu oft verliert. Eine sehr bemerkenswerte Frau, die jahrelang einen Salon hielt, sagte mir: »Wenn eine Unterhaltung lebhaft sein soll, muß man sich darauf verlegen, spielerisch zu widersprechen, und das verfälscht das Urteil.« Das ist wahrer, als man annehmen möchte; aber nur wenige würden das zugeben, weil die Vergnügungen der Gesellschaft lebhaft sind.

Stendhal war, wie man berichtet, in der Unterhaltung glänzend, aber auch aufbrausend und fast brutal. Auch versteckte er sich hinter wechselnden Pseudonymen ohne Zweifel mit dem Zweck, seine eigentlichen Ideen nicht in die Wortgefechte zu werfen. Es ist sicher, daß die Banderilleros den Stier führen, wohin sie wollen. Wohingegen Ideen nur in der Sammlung wachsen und gedeihen; und die Geduld ist zweifellos die höchste Tugend des Schriftstellers; er wartet ab, bis die Begriffe sich nach dem ersten Tumult ordnen und schließlich die Worte sich wie reife Trauben ablösen; das ist ein Augenblick, den man ergreifen muß, statt den Baum zu schütteln und die Früchte vom Boden aufzulesen.

Ich sage auch, daß die historische Neugier hinsichtlich eines Autors eine Art Ungerechtigkeit ist. Denn man will sie oft kennenlernen, um das, was sie schreiben, mit ihrer Natur und ihrem Tun und Treiben zu vergleichen; wie jene, die in intimen Briefen stöbern. Wenn der Autor seine armselige kleine Geschichte schriebe, brächte er erbärmliche Bücher hervor. Aber nein; er legt in sie das Beste von sich, das, was er im besten Augenblick ist, wenn die Leidenschaften und die tierischen Bedürfnisse ruhen und schlafen; und diese eingeübte Aufrichtigkeit ist die seltenste.

Aber es gibt auch nichts Niederdrückenderes als einen Autor vor dem Publikum, der sich so gibt, als wäre er das, was er geschrieben hat. Dann nämlich lügt er. Denn die Vernunft ist fast immer nur ein flüchtiger Blitz, ein Licht, das in einem Wort oder einem Buch eingeschlossen ist, Richter dann und unbestechlicher Zeuge aller Leidenschaften und Kleinlichkeiten, natürlich auch des Schriftstellers. Kurz, die Vernunft steht über den Tatsachen; sie erhellt sie unermüdlich; das ist ihre Weise, in der Welt zu wirken. Wie ein Leuchtturm, der weder den Wind noch die Wellen, noch den Nebel verändert, sondern nur nach Zahl und Vorschrift leuchtet.

3. Januar 1912

DARWINS ZAUBER

Als ich dieser Tage wieder Darwin las, war ich ergriffen von der Schönheit dieser umfassenden Philosophie. Dieser Denker erweckt die Dinge besser als irgendein Dichter. Warum? Weil er die Zusammenhänge sehen läßt. Die Katze ist der Feind der Waldmaus; die Waldmaus ist der Feind der Hummel; das erklärt, daß die Nester der Hummeln immer in der Nähe unserer Häuser sind. Aber besser noch: die Hummel ist die einzige unter den nektarsuchenden Insekten, die den roten Klee befruchten, das heißt, den Pollen von einer Blüte zur anderen tragen kann; und man muß auch wissen, daß die Fremdbestäubung den Pflanzen zweifellos günstig ist durch den Ausgleich der Krankheiten, der die Abkömmlinge zum Gleichgewicht zurückführt. Daher sind die Katzen Freunde des roten Klees. So gleichen sich die Dinge aus und greifen ineinander, je weiter Sie lesen. Ein Wald entsteht vor Ihren Augen mit seinem Gewirr von Pflanzen, die miteinander im Kampf liegen, seiner Verschwendung von Samen; Insekten treten auf, um Blätter, Blüten, Körner und Rinden zu fressen, und andere Insekten, um jene zu verschlingen; und insektenfressende Vögel, die die einen wie die anderen verfolgen; Raubtiere, die Jagd auf die Vögel machen. Woher kommt dieser poetische Zauber? Daher, daß es der Entdecker selbst ist, der beschreibt, wobei er immer die Augen auf das Detail der Dinge heftet. Und dies nicht ohne Tasten, ohne Zweifel, ohne Längen; immer mit dieser unnachahmlichen Kraft der Idee im Entstehen. Denn auch sie wächst in einem Dickicht von Ideen. So stellt eine Eiche mit ihren knotigen Armen Hindernisse, Verwundungen, Siege dar. Ich leite daraus die wichtige Regel ab, daß man eine Idee immer von demjenigen lernen muß, der sie erfunden hat. Die anderen, die danach kommen und oft sehr intelligent sind, machen daraus sehr klare, allzu klare Abrisse, abstrakte Formeln, die den Ideen ähneln, wie Stöcke, die man in die Erde steckt, Bäumen ähneln.

Man darf nicht annehmen, daß eine wahre Idee ganz von sich aus ohne menschliche Stütze wahr bleibt. Gerade durch die Zweifel, die tastenden Versuche, die immer wieder erneute Beobachtung erhält man eine Idee am Leben. Durch den Dogmatismus jener dagegen, die sie lehren, verliert sie ihr ganzes Blattwerk. Ein rechter Geist muß eher Gestrüpp gleichen als einem Herbarium.

Durch diese Bemerkungen kann man den Unterschied zwischen einem Pedanten und einem gebildeten Menschen erklären. Der Pedant lernt schnell, und zwar durch Resümees; sobald er etwas begriffen hat, weiß er es. Nach zwanzig Jahren findet er immer noch dieselben Formeln und dieselben Argumente. Diese Gewohnheiten, die bei guten Schülern so ausgeprägt sind, sind genau das, was der Lehrer am meisten fürchten müßte. Beweglichkeit und Fruchtbarkeit der Ideen setzen ein grenzenloses Vermögen des Vergessens voraus und ein Forschen, das stets von neuem beginnt. Wenn Darwin uns sagt, daß er seine Aufmerksamkeit verdoppeln muß, um wirklich an den Kampf ums Dasein zu denken, um ihn in jeder seiner Beobachtungen wiederzufinden, so bringt das den Pedanten zum Lachen, denn das kennt er ja längst und sagt es her wie ein Vaterunser. Aber er macht auch nichts daraus, er packt nichts an, er denkt nichts; es bleiben Allgemeinheiten und Abstraktionen.

Und durch eine ganz natürliche Folge schreibt der Pedant schlecht. Sein Stil ist ohne Bilder, weil sein Denken ohne Gegenstände ist. Man kann aus diesen Büchern zitieren, die korrekt und elegant geschrieben sind, aber ohne jede Kraft und völlig langweilig. Und daraus besteht ja fast immer die Nahrung, die wir unseren Kindern geben. Woraus folgt, daß sie platt und ohne Vergnügen schreiben und schließlich gar nicht mehr auf die Worte achten, was letztlich Orthographie und Syntax ruiniert. Wohingegen die schönen Bilder einen korrekten Stil hervorbringen, und zwar aus demselben Grunde, der bewirkt, daß man einen schönen Diamanten nicht in Kupfer faßt.

15. Mai 1912

Der Lügner, der Scheinheilige, der Eitle, der Ruhmredige, der Maulheld, all diese Personen der Komödie werden bei weitem vom Pharisäer übertroffen. Im Evangelium ist der Pharisäer mehr als einmal skizziert. Vereinigt man diese Züge durch Nachdenken und umreißt sie mit mehr Nachdruck, läßt man eine erschreckende, im Grunde tragische Persönlichkeit entstehen. Tartuffe ist daneben klein. Der Pharisäer ist ein Mensch, der an Gott glaubt und der auch glaubt, daß Gott mit ihm zufrieden ist.

Die berühmten Verbrecher, die nicht der Vergessenheit anheimgefallen sind, glaubten an nichts; immerhin könnte man sagen, daß sie an den Mut glaubten; keiner von ihnen hätte sich verziehen, wenn er bei einem schwierigen Unternehmen gezögert hätte. Dennoch gibt es nach den Grundsätzen, die sie zur Geltung bringen wollten, gar keinen Mut; es gibt nur Kräfte. Flucht und Furcht sind ganz natürlich, sobald sie aufkommen, wie Kühnheit und Wille. Diejenigen, an die ich denke, waren echte Anarchisten, Menschen, denen man menschliche Größe ohne weiteres zuerkennen muß. Hier zögert das Urteil des Volkes nicht, und deshalb wird man mit den großen Eroberern immer nachsichtig verfahren. Der Mut überstrahlt alles. Der Leser versuche, sich Bonnot und seine Gefährten vor Augen zu führen. Ich erinnere hier an ihre Taten und Schriften, um zu zeigen, daß es selten vorkommt, daß man an nichts glaubt. Und jeder Mensch, der sich mit einem idealen Menschen vergleicht, zum Beispiel einem weisen, maßvollen, mutigen, gerechten, findet sich alsbald daneben klein.

Der Pharisäer aber zeigt diese unglaubliche Einheit von naiver Religiosität und Bewunderung seiner selbst. Er will für weise gelten, und er hält sich für ziemlich weise; er verehrt wirklich den Mut, und er hält sich für mutig. Er entblößt tatsächlich und tief bewegt sein Gewissen vor einem Richter, der nach seiner Ansicht alles weiß und durchschaut, und er betet so: »Herr, bist du nicht mit mir zufrieden? Bin ich nicht dein Diener und Dolmetsch? Bin ich nicht wichtig? Laß deinen Donner erschallen und zermalme dieses nichtige Menschengeschlecht, denn meine Bedeutung kommt der deinen gleich.«

Ich weiß nicht, ob es solch ein Ungeheuer gibt. Manchmal möchte man wirklich annehmen, es gäbe etwas derartiges, zumindest für Augenblicke; Schmeichelei und Beifall haben so viel Macht! Man hat die Demut des Evangeliums oft falsch verstanden; ohne Zweifel ist sie im Grunde nur der Wille, niemals dieses Ungeheuer zu sein.

Die Kräfte der Verfolgung erklären sich kaum durch Bosheit allein. Jesus im Gefängnis war nicht gefährlich, noch war es Jeanne d'Arc im Turm. Politiker hätten sie vergessen. Aber führt man sich den Pharisäer und seine Wichtigtuerei vor Augen, begreift man Kreuz und Scheiterhaufen. Wer den Pharisäer beleidigt, beleidigt Gott. »Herr, du bist gerecht, du kennst meinen Geist und mein Herz. Du hättest doch niemals diesen armen Zimmermann und dieses arme Hirtenmädchen erleuchtet. Das moralische Licht bin ich, die politische Einsicht habe ich. Alle Vollkommenheit wirkt durch mich und die ganze Priesterkaste und durch all die, die sie anerkennen. Deshalb habe ich nicht das Recht, zu verzeihen.« So wird jedes Wunder, das nicht den Weg der Hierarchie gegangen ist, verbrannt, in alle Winde zerstreut, feierlich verflucht, von der Erde ausgelöscht. Zweimal hat sich so die bürokratische Seele bis zu jener Erhabenheit aufgeschwungen, die ihr eigen ist; zweimal haben die Pharisäer ganz und gar an sich geglaubt. Im normalen Verlauf der Geschichte geben sie nur ihren aufkommenden Stimmungen Ausdruck, zuweilen sehr beredt; aber ihre Stimme zittert; ich kenne den Menschen besser. Molières Drama vom Geizigen ist an der Stelle schön, wo dieser sich vor seiner eigenen Hochherzigkeit fürchtet. So hat der Pharisäer Angst vor der zum Himmel strebenden Bewegung, die er in sich verspürt. Kurz, es ist schwierig, mit religiösen Gefühlen zu leben. Ich bin überzeugt, daß der Rosenkranz, das Brevier und alle äußeren Formen des Kults die Aufgabe haben, die Haltung des Mystikers zu regeln und ihm eine Gutmütigkeit zu verleihen, die religiös ist.

5. Juni 1913

In der Geschichte findet man den ganzen Fortschritt unserer Gedanken beschrieben, und folglich auch die wahre Methode. Dem stimme ich zu. Der menschliche Geist braucht Zeit, um sich zu bilden. Ich folge ihm gern in seiner Entwicklung; es scheint mir, daß es gar keine andere Weise gibt, Ideen hervorzubringen. Aber es muß auch die Kindheit der Idee in der Idee bleiben wie Blut im Fleisch. Wie das Kind sich im Manne wiederfinden muß, und zwar ganz und gar, ohne daß einer der ersten Träume vergessen oder gar verachtet worden wäre; alle vielmehr verwirklicht und in ihrem ganzen Reichtum entfaltet. Aber ich sehe, daß die kleinen Historiker genau das Gegenteil beweisen möchten, daß nämlich die Menschheit ihre Irrtümer von Jahrhundert zu Jahrhundert erkennt und vergißt. Als ob das System des Ptolemäus durch das des Kopernikus ausgelöscht wäre; aber es ist nicht ausgelöscht, vielmehr verwirklicht. Als die Alten wollten, daß die Sterne Kreise beschreiben, waren sie auf dem rechten Weg; und wir mit der Ellipse sind auf einem besseren, aber es ist derselbe. Da die Ellipse die Tochter des Kreises ist, konnte die Beobachtung, die zeigte, daß die Bahn des Gestirnes kein Kreis war, nur zustande kommen durch Beziehung auf den angenommenen Kreis. Und die Abweichungen können heute nur beobachtet werden durch die Beziehung auf die angenommene Ellipse. Auf dieselbe Weise kann man sich noch heute der Astronomie nur nähern, wenn man zunächst vom Anschein ausgeht, ihn auf den Pol, den Äquator, den Meridian, den Horizont bezieht, wie es die ersten Astronomen taten. Wer mit dem System des Kopernikus beginnt, versteht nichts; er ist nicht dem Weg der Menschheit gefolgt. Er bedenkt den Himmel, indem er sich sofort in die Sonne versetzt; und wenn er in die Luft schaut von dieser Erde aus, an die sein Körper gebunden ist, kann er weder den Anschein entwirren noch seine

Wahrnehmungen klären. Seine Ideen stehen nur auf dem Papier. Solche Pedanten gibt es.
Soweit ich weiß, haben zwei Denker die Geschichte bejahend und nicht verneinend bedacht. Zur selben Zeit, mit unterschiedlichen Worten, und der eine kannte den anderen nicht. Comte bei uns; Hegel jenseits des Rheins. Unermeßlich beide und zu wenig bekannt, scheint mir. Und jedesmal, wenn ich durch Begeisterung dahin gelange, den einen vorzuziehen, zieht mich der andere zu sich zurück, so daß ich einfach annehmen muß, daß sie dasselbe sagen; und beide wenden alle Kräfte auf, um zu zeigen, daß Ptolemäus und Kopernikus denselben Gedanken entwickeln. Im Augenblick, wo ich glauben möchte, Hegel habe besser die Tiefe der Religionen oder den Sinn der Kunstwerke begriffen, gibt mir alsbald der andere fähige Kopf ein Zeichen und führt mich auf steinigeren Wegen zur Betrachtung derselben Landschaft von Ideen, Völkern und Tempeln. Denn, so sagt der scharfe polytechnische Kopf, die Verehrung der Sterne war nicht falsch. Es stimmt, daß das menschliche Schicksal an den Lauf der Gestirne gebunden ist; es stimmt, daß unser aller Leben streng von Tagen und Nächten abhängt, von Jahreszeiten und Gezeiten, von Wind und Regen; und das ist viel wahrer, als die alten Astrologen glaubten; aber da sie die Gestirne durch diese mächtige Idee hindurch beobachteten, wonach alles mit allem wie durch unsichtbare Fäden verbunden ist, mußten sie ganz einfach einige der wirklichen Verknüpfungen entdecken. So war die Gebetsgeste zum Himmel hin, um dort das Geheimnis, die Einsicht, die Macht und den Frieden zu suchen, eine richtige Bewegung. Das Gebet ist heute nur besser formuliert, aber die erste Idee ist noch völlig untadelig. Was sage ich, untadelig? Sie ist bereichert, vervollständigt, abgesichert; sie findet ihren Inhalt jenseits ihrer ehrgeizigen Hoffnungen. Und je mehr die Idee erfaßt, um so stärker wird sie, um zu erfassen. Kräftige Nahrung, erarbeitet von der Menschheit, gut für den einzelnen, einzig zuträglich seiner wahren Ent-

wicklung. Diese seltsamen Geister, die sich so weit verirren zu sagen, die antike Physik läge am Boden und die Geometrie Euklids habe ausgedient, lade ich zur Tafel der Götter. Met und Ambrosia.

28. Mai 1921

DANTE UND VERGIL

Die Gedenkfeier hat die allgemeine Aufmerksamkeit auf das Gesicht Dantes gelenkt, das so sehr Strenge und Unglück ausdrückt. Als ich meinerseits über dieses Epos nachdachte, das uns, ausgehend von den Tiefen, bis in seinen asketischen Himmel emporhebt, wollte ich begreifen, warum wir von den ersten Terzinen an mit so sicherem Schritt aufbrechen, wie in einem Wald die Stärke der Bäume den festen Boden und den jungfräulichen Rücken der Erde ankündigt. Hier gibt es keine Konventionen mehr; alles ist unversehrte Natur. Weit entfernt von der vernünftelnden und treulosen Stadt. Hier ist es der Mut, der den Weg bahnt; und dieser Rhythmus kündigt ihn an, der drei Schritte tut und sich dann umschaut. Ich selbst werde zu dem sicheren Führer, zu diesem Maultier mit den dürren Beinen.

Was ich sehe? Die Menschheit und mich selbst; das Schlimme und das Gute und auch das Durchschnittliche dieser Welt ohne irgendeines jener annehmlichen Arrangements, die einen abschrecken. Aber diese Hölle verspricht Hoffnung durch das gerechte Schauspiel, ist durch dieses gerechte Schauspiel selbst schon Purgatorium und Abglanz des Himmels der Gedanken; was der kräftige Rhythmus uns verspricht. Halte nicht länger als einen Augenblick inne, sagt er; das hier ist nur Weg und Durchgang. Wer sich betrachtet, richtet sich, wer sich richtet, rettet sich. Alle Gewissenserforschung ist hierin beschlossen. Hinabsteigen, um wieder emporzusteigen. All das, was mir so nahe ist, alles, was ich selbst bin, ist eingefangen in ein Schauspiel und aus mir herausgestellt, mir gegenübergestellt. Mit der Hilfe des Dichters folgt Dante Vergil, und ich folge dem einen und dem anderen, wie die Ziege dem Gesang des Hirten folgt.

Diese Welt des Infernos und der Schatten war immer schon das getreue Abbild der Gedanken des Menschen und seiner unbeständigen Leidenschaften, die die Gedanken zunächst zu tragen scheinen. Bei dem Schmaus, den Odysseus den Seelen bereitete, sah er nur magere und ausgehungerte Schatten herbeieilen. Das war die Zeit, wo der leidenschaftliche Mensch sich ein wenig von Wut und Angst entlastete durch die Annahme eines äußeren Gottes, der bald fern, bald nah ist und auf den Wolken reist. Bereits ein ungeheurer Fortschritt. Denn das kindliche und fetischistische Volk ist sanft, fromm, ergeben, unmenschlich, bestialisch, je nach Laune und Gelegenheit, ohne jedes Urteil über sich selbst; auch erinnert es sich im eigentlichen Sinne nicht, sondern beginnt immer wieder von vorn. Wohingegen die Götter Homers in glänzender Gestalt dem Blick ziemlich gut diese körperlosen Erscheinungen wie Eifersucht, Rache und Ruhm darbieten. So betrachtet der Schatten Achills sein Leben wie eine eitle Mischung der Elemente. Ich möchte lieber Stallknecht sein, sagt er. Das ist die erste Ethik, ein wenig über der Verzweiflung, wenn auch ohne Hoffnung; denn die wahre Verzweiflung ist ohne jedes Nachdenken. Hier herrscht noch die Schicksalsidee; aber sie ist bereits gerichtet.

Als Vergil seinerseits zur Unterwelt hinabsteigt, den goldenen Zweig in der Hand und geführt von der italischen Sibylle, sind die Schatten, diese toten Leidenschaften, bereits anders geordnet. Politisch, auf römische Weise. Nach einer Zukunft aus Eroberungen, nach dem Band von Ursachen und Wirkungen. Nicht mehr äußere Laune nach den Intrigen der Götter, sondern unabänderliche Bestimmung, worin die Hoffnung eines jeden Wesens sich gefangen und im voraus zermalmt findet. Welch ein Vorbeimarsch wie der der römischen Armeen, die noch gar nicht existieren und doch bereits tot sind! Und dieser Marcellus, die Hoffnung des Reiches, vorzeitig gestorben, bereits tot in seiner Blüte, noch bevor er geboren ist. »Du wirst Marcellus sein; streut Lilien mit vollen Händen.« Das ist die höchste Tragik in diesem Augenblick des Nachdenkens, wo die launenhafte Schicksalsidee überwunden ist, die unbeugsame

Notwendigkeit sich zeigt. So malte Vergil unbewegliche Fresken.
Das dritte Epos besteht aus Urteil und Freiheit. Nicht öffentlich, sondern privat. Nicht aus Schicksal, sondern aus Schuld und Sühne, Reinigung und Heil. Es ist der Augenblick der Sünde, des Gewissensbisses und der Reue. Alle Götter in der Unterwelt, die Menschheit an den Hängen, das Licht auf den Gipfeln. Licht, einzige Gerechtigkeit. Jeder durch sich selbst gerichtet, wie Platon zu sagen wagte. Aber der platonische Glaube war nur Spiel, und der sterbende Sokrates war nur seiner selbst sicher. Die epische Bewegung zog noch nicht die Massen zu dieser Gerechtigkeit, die nichts als Licht ist. Das Dantesche Epos findet uns sitzend und träumend auf den Stufen irgendeines Tempels der Minerva. Zu glücklich darüber, nicht mehr zu wähnen. Aber diese Menschheitsbewegung kann nicht hier stehen bleiben. So richtet uns der erste Ruf des Führers mit dem kantigen Gesicht sogleich wieder auf.

2. Juni 1921

Die Wahrheit der Märchen liegt darin, daß die äußere Ordnung im Vergleich mit der menschlichen Ordnung als belanglos angesehen wird. Entfernungen bedeuten wenig; der Mensch durchmißt sie wie in einem Traum, auf einem fliegenden Teppich oder getragen von fliegenden Drachen. Ein materielles Hindernis ist von geringer Bedeutung, wenn die Mächte uns gewogen sind; dagegen wird alles Hindernis, wenn man die feindlichen Mächte nicht hat erweichen können; das stellt nicht schlecht die Perspektive unserer Prüfungen und Unglücksfälle dar. Der Bauer beklagt sich nicht über die Wurzeln, wenn er sie rodet; die Erde zu besiegen, darin liegt sein Glück; derselbe Mensch bringt sich um den Schlaf wegen eines Prozesses; dann sieht er nämlich keinen Weg; die feindlichen Mächte versperren alles. Ein Jäger beklagt sich nicht darüber, daß Rebhühner Flügel haben; aber ein Verbotsschild versetzt ihn in Zorn. In seinem Tun begegnet der Mensch alsbald dem Menschen. Bedenken Sie, daß das Problem der materiellen Existenz leicht von der Menschheit gelöst wird; Straßen bauen, roden, pflanzen, anbauen, transportieren, tauschen, das alles ist nur ein Spiel; wir sind mit von der Partie, wenn es gilt, Schwierigkeiten zu suchen. Welches Bedürfnis besteht denn, von Paris nach London zu fliegen? Aber wir empfinden es als ein Glück, wenn es uns gelingt. Doch der König der Lüfte wird vielleicht daheim eine zänkische und hartnäckig schweigsame Frau finden; hier beginnen die wirklichen Schwierigkeiten.

Das große Übel ist der Krieg; und der Krieg stammt völlig vom Menschen. Was hätten wir mit dem Geld, das der Krieg uns gekostet hat, genauer gesagt, mit den Arbeitstagen, die der Krieg verschlungen hat und uns durch seine Ruinen noch kosten wird, nicht alles anfangen können? Parkanlagen um unsere Schulen, Krankenhäuser, die Schlössern gleichen, reine Luft, sahnige Milch und für alle ein Huhn im Topf; all das wäre nur ein Spiel. Aber Ablehnung, Mißtrauen, Halsstarrigkeit, Zorn, das kostet uns so viel Mühe, daß der Reichtum, den wir durch unserer Hände Arbeit erworben haben, dagegen gleichsam nichts ist. Was die volkstümlichen Erdichtungen, die so alt sind wie die Menschen, sehr gut darstellen. Wenn das Verlangen es will, ist die Erde nicht groß. Der Märchenprinz ist schon unterwegs; seien Sie beruhigt; er wird kommen, und er wird sogar wiederkommen; und wenn er die Reise erst hinter sich hat und sie erzählt, wird sie ihm vorkommen wie ein Augenblick. Aber wenn er abreisen will, wird er auf dem Fußboden des Zimmers festgenagelt sein durch den Beschluß einer alten Zauberin. Wer ist nicht schon einmal ohne sichtbare Ketten gefesselt gewesen durch irgend jemandes Entschluß? Im wirklichen Leben sind das im allgemeinen begründete Entschlüsse, aber aus Gründen, die niemals die wahren Gründe sind. Die Märchen dringen bis zu den Wurzeln vor. Die Zauberer und Zauberinnen, Personen von beträchtlichem Alter, widersetzen sich allem, was jung und schön ist. Fast die ganze Tyrannei in dieser Welt stammt von Leuten, die sich langweilen. Kurz, der Mensch hängt vor allem vom Menschen ab. Die Laune eines Tyrannen reißt ganze Völker plötzlich in eine Folge von Katastrophen. Man hat also, wie es die Märchen tun, Grund zu sagen, daß aller Gewerbefleiß recht einfach ist, verglichen mit der unentwirrbaren Politik. Was die Märchen vortrefflich darstellen durch unzufriedene Zauberer.

Ich stelle noch etwas anderes fest, daß nämlich in diesen treffenden Gemälden das Wunderbare niemals bis in die Seelen vordringt. Es gibt keinen Zauberer, der irgend jemanden von Neid oder Haß heilte. Die Zauberin kann wohl den Märchenprinzen Tausendschön ohne jedes sichtbare Band fesseln und ihn sogar in einen blauen Vogel verwandeln; sie kann aber nicht bewirken, daß er diejenige nicht mehr liebt, die er auserwählt hat; noch als blauer Vogel kommt er zum Fenster der Geliebten geflogen und singt. Was bedeuten würde, daß der Geist nicht zu versklaven ist und sogar noch über den übernatürlichen Mächten steht. Übrigens kommt es in den Märchen fast immer vor, daß ein Zauberer zum Widersacher des anderen Zauberers wird, was bewirkt, daß die mutige Liebe und der entschlossene Wille die zusammenhanglosen Leidenschaften durchbrechen und zu ihrem Ziele gelangen. So wird die Treue durch den Zufall gekrönt; und das ist nicht ohne Bedeutung, denn die Kräfte, seien sie menschlicher oder kosmischer Natur, drängen nicht alle in dieselbe Richtung, und das bewirkt, daß ein tapferes Herz schließlich seinen Weg findet. Wer wird behaupten, Märchen seien schlechte Lektüre, wenn man sehen kann, daß die wirkliche Erfahrung, wohlgeschminkt, den Augen jener, die sie zu belehren sich vornimmt, ausgerechnet diese kraftvollen und stärkenden Wahrheiten verbirgt, die ich in den Märchen wahrnehme?

10. September 1921

Alle Künste haben ihr Geheimnis, aber die Kunst des Schauspielers ist vielleicht die verborgenste von allen. Die Idee, die sich zunächst einstellt und die sehr trügerisch ist, besteht darin, daß der Schauspieler den Anschein eines Menschen erwecken muß, der wirklich Wut, Entsetzen oder Verzweiflung empfinden würde. Dennoch ist das nicht so einfach. Wir sind im Theater wie in der Messe; der erste Zweck ist der, Zeichen zu formen und zu bewahren; alles, was erstaunen läßt, alles, was mehrdeutig ist, alles, was wild ist, sorgt sogleich für Ärgernis und Beschämung unter den Zuschauern; infolgedessen muß als natürliche Reaktion sich ein ansteckendes Lachen einstellen. Im *Monsieur Piégeois* hatte Guitry eine echte Gebärde gefunden. Als er einen ganz aus der Fassung gebrachten Menschen, dem er etwas Hoffnung zu machen suchte, zu sich mitgenommen hatte, setzte er ihm einen Filzhut auf, und der andere ließ es sich gefallen, als sei er ein lebloses Ding; die Wirkung hätte sich bis zur Tragik steigern können, aber da der Hut umgestülpt war, lachte der Saal. Mehrdeutiges Zeichen also; ebenso gefährlich, und zwar aus demselben Grunde, wie der berühmte Halbvers, gesprochen von einer jungen Fürstin: »Er ruft mich, ich muß regieren.« Der Dichter hatte einen Fehler gemacht. Im Theater darf man nicht zur gleichen Zeit zweierlei andeuten. Mounet Sully erreichte die schönste Tragik im *Oedipus* durch gemessene Bewegungen, wie sie die Tragödie vorschreibt. Im *Hamlet* ließ sich derselbe Schauspieler zu einer improvisierten Gymnastik verleiten und brachte so die Zuschauer zuweilen zum Lachen. Jeder empfindet ganz richtig, daß es unvorsichtig wäre, einen wirklich gereizten oder wirklich betrübten Menschen auf die Bühne zu bringen. Der Grund dafür liegt darin, daß die natürlichen Zeichen der Leidenschaften mehrdeutig sind; ein Mensch in seiner höchsten Gefühlssteigerung ist tatsächlich verwirrt; die Zuschauer wären es auch.

Solch eine Erfahrung macht man nie im Theater. In den öffentlichen Versammlungen macht man sie oft, wenn ein Mensch, der von Gehässigkeit oder Wut aufgeblasen ist, schließlich die Tribüne betritt. Dann begreift man, daß die natürliche Beredsamkeit ohne jede Heftigkeit ist. Erstens spricht der leidenschaftlich bewegte Mensch zu schnell und wird nicht verstanden. Da zweitens die Gesten und der Gesichtsausdruck ganz und gar nicht beherrscht sind, ähnelt der Ausdruck einem überladenen Text, den jeder auf seine Weise liest; die Einheit des Gefühls wird zerbrochen; jeder improvisiert Beifall, Tadel, Spott. Alsbald triumphiert das Lachen, das uns vom Ärgernis befreit, diesem peinlichen Gefühl ohne Gegenstand. Woraus man ziemlich gut verstehen kann, was ein Redner und auch, was ein Schauspieler ist. Eine gemeinsame Notwendigkeit dieser beiden Künste ist, daß man verstanden wird; noch das größte Genie muß sich dieser Bedingung unterwerfen. Woraus man erraten kann, daß die einsamen Künste durch die geselligen Künste geformt sind, wie man Beredsamkeit und Theater nennen kann. Die Menge ist es, die den Ausdruck diszipliniert hat; es ist die Antwort der Menge auf die Zeichen, die die Zeichen reinigt. So waren denn Dichtung und Musik, als sie aus der Bühnenkunst hervorgingen, viel näher am Menschen. Auf alle Fälle aber ist es klar, daß der Schauspieler vom Redner die Kunst lernen kann, seine imaginären Leidenschaften zu mäßigen; denn der Redner empfindet oft wirkliche Leidenschaften, aber er beherrscht sie immer und zieht sich gleichsam aus ihnen zurück und liefert sich statt dessen einer geregelten und rhythmischen Gefühlsaufwallung aus, die man poetisch nennen muß. Auch der Schauspieler muß sein Rezitativ finden und sich vor allem davor hüten, den natürlichen Ton zu suchen durch Nachahmung der Konversation; es gibt keine gefährlichere Falle; man gelangt dann dahin, so zu sprechen, wie der Mensch normalerweise spricht. Wohingegen der Schauspieler immer singen muß statt zu schreien, so wie er auch, statt aufgeregt herumzuspringen, tanzen muß.

Die Handlung auf der Bühne ist eher Tanz als Handeln. Es gibt ein Rezitativ der Gebärde, um einen Dolchstoß zu versetzen. Diese Grundsätze sind in Vergessenheit geraten, aber glücklicherweise wird ihre Bedeutung noch von einigen Menschen gelehrt, die vom Theater begeistert sind und außer sich vor Bewunderung für die berühmten Tragödien. Ich schließe damit, daß ich sage, daß diese Tragödien die Schule des Fühlens, des Liebens, des Verachtens und überhaupt aller Gefühle sind.

2. November 1921

Glauben muß man zuerst. Vor jedem Beweis muß man glauben, denn es gibt keinen Beweis für jemanden, der nichts glaubt. Comte dachte oft über jene Stelle in der *Nachfolge Christi* nach: »Die Erkenntnis muß dem Glauben folgen und darf ihm nicht vorausgehen, noch weniger darf sie ihn untergraben.« Wenn ich nicht glaube, daß es von mir abhängt, ob ich gut oder schlecht denke, so lasse ich mich denken; meine Meinungen spazieren dann planlos in mir, wie Spaziergänger auf einer Brücke. Auf diese Weise bilden sich keine Ideen; man muß wollen, man muß wählen, man muß festhalten. Welches Interesse könnte ich an einem Beweis finden, wenn ich nicht fest glaube, daß er auch morgen noch gilt? Welches Interesse, wenn ich nicht fest glaube, daß der Beweis, der für mich gilt, für alle gilt? Nun, das kann ich nicht beweisen, weil jeder Beweis das voraussetzt. In welchem Ton sollte Sokrates dem kleinen Sklaven die Geometrie erklären, wenn er nicht sicher wäre, in dieser menschlichen Gestalt dieselbe Vernunft anzutreffen, die er in sich selbst bewahrt hat?

Es fehlt nicht an Geistern ohne Glauben. Es sind schwache Geister, die Halt außer sich suchen. Sich der allgemeinen Erfahrung angleichen, das ist nicht schwierig; die Erfahrung wird uns schon korrigieren. In Wahrheit heißt das schlafen; das ist nur wohlunterrichtete Trägheit, und das heißt, mit der geringsten Mühe denken; das heißt, dem Objekt übertragen, für uns zu denken; das ist es, worauf sich der Geometer sehr gut versteht; er zeichnet sein Objekt so, daß das Wahre sich von selbst herausstellt. Diese Situation des Moglers gewährt keine Sicherheit, denn es gibt keine äußere Stütze. Die Natur ist zu reich für uns; sie wird unsere Ideen immer übertreffen. Denken ohne vorhergehende Hypothesen, die vernunftgemäß gebildet und festgehalten werden, heißt ohne Waffen kämpfen. Diese tiefe Menschenverachtung, die auf die Mitte des Menschen zielt, zerschneidet den Lebensnerv dessen, gegen den sie sich richtet, und auch den der anderen um ihn herum. Man kann nicht an sich glauben, wenn man nicht an den Menschen glaubt; für sich selbst denken, heißt bereits belehren. Wenn Sie den Geist im Stich lassen, meidet Sie der Geist.

Was ist ein Autor? Schwarze Buchstaben auf weißem Papier, wenn Sie nicht zu glauben wagen. Platon selbst enthält sich des Denkens vor diesen grämlichen Geistern, die bei jedem dritten Wort Einwände vorbringen. Schwören Sie im voraus, daß Platon die Wahrheit sagt; unter dieser Bedingung werden Sie ihn verstehen können. Aber ohne diese Bedingung vertun Sie Ihre Zeit damit, ihn zu lesen. Es wäre zu bequem, wenn Platon seine Ideen in Sie gösse wie Wasser aus dem Krug. Schwarze Buchstaben auf weißem Papier, sage ich Ihnen. Hat man je einen Menschen gesehen, der eine Inschrift entziffert und sich von der Vorstellung leiten läßt, daß diese Inschrift keinen Sinn hat?

Die Alten hatten diese erste Bedingung, die der Glaube ist, nicht klar erkannt. Die mutigsten unter ihnen dachten ästhetisch; Denken erschien ihnen als etwas Schönes. »Schönes Abenteuer«, sagte Sokrates. Daher beschließt der Skeptiker diesen Auftritt der Geschichte, der Skeptiker, der will, daß es einen Beweis des Beweises gibt. Und der Gott Pascals, der so verborgen ist und der will, daß man ohne den geringsten Beweis glaubt, ist die heroische Negation dieser Negation. Eine gewaltige Metapher, die den Menschen auf die Beine stellt und dem Willen seinen Platz anweist. Dieser große Augenblick beherrscht das moderne Denken, und in diesem verzweifelten Entschluß zeigt sich die wahre Hoffnung, und unsere Gedanken ordnen sich, ausgehend von dem vorausgegangenen Schwur. So ist denn, wenn man alles positiv betrachtet, jede Religion letztlich wahr. Die Verpflichtung zu glauben unterscheidet sich nicht zu sehr von der Pflicht zu denken. Der moderne Mensch, der immer wieder den Ungläubigen spielt, glaubt schließlich vielerlei und erkennt das Menschliche in allen Arten der Gläubigkeit an. Das ist der Schlüssel zur Geschichte. Das Postulat des Geistes, und nur es, kann das große Bild des Fortschritts hochhalten; diese Physik der Völker stellt die gleichen Anforderungen wie die andere.

18. November 1921

GESCHICHTE UND ROMAN

Es gibt einen triftigen Grund anzunehmen, daß eine wahre Geschichte, die getreu niedergeschrieben wird, keinen guten Roman ergibt, weil nämlich niemand die wahre Geschichte kennt. Die Beteiligten sind mitgerissen und außer sich; übrigens erfaßt jeder von ihnen nur das Äußere und die Bewegung der anderen, und das auch nur stückweise. Noch weniger sieht der Zuschauer von einem Verbrechen oder einer Schlägerei; er ist nicht eingeweiht; die wirklichen Dramen entwickeln sich unter der Oberfläche der Höflichkeit und der gewohnten Handlungen; die eigentliche Tat ist plötzlich, überstürzt, wirklich unsichtbar. Ein Mensch ist eines Tages aus dem zweiten Stockwerk vor meine Füße gefallen. Was habe ich gesehen? Auch der Zuschauer zehrt von Überbleibseln, wenn er das Blut und anderes vor Augen hat.

Es ist nicht ausgemacht, daß die Kunst in der ein oder anderen Form zum Zweck hat, durch Zeichen diese Art von Gefühlsaufwallung zu wecken, die von Abscheu bis zu Erstarrung führt. Immer noch ist es so, daß das geschriebene Wort weit davon entfernt ist, der Sache gleichen zu können. Man müßte also zu den Gladiatorenkämpfen zurückkehren. Aber nach der Erfahrung der Soldaten, der Krankenschwestern und der Ärzte glaube ich, daß die Gewohnheit sogleich unempfindlich machte gegen diese Art von Schauspiel. Vielleicht sind die Leidenschaften so beschaffen, daß sie erlöschen, sobald sie nichts mehr zu erwarten haben. Die erneute Erwartung wäre demnach das eigentliche Mittel des Tragischen. Und da uns die wirklichen Ereignisse immerfort überraschen, ermüdet der, der sie erzählt, alsbald den Leser. So sieht man denn, daß diejenigen Schriftsteller, die ihr Handwerk verstehen, uns davor bewahren, die traurigen Reste der Leidenschaften zu betrachten. Wofür ich drei Beispiele nenne: *La grande Bretèche* und *La femme abandonnée* von Balzac und die Hinrichtung Julien Sorels in *Le Rouge et le Noir*.

Das heißt die Energiequellen der Kunst bemessen nach der Kraft der Einbildung, die uns von der Gefühlsbewegung zum Bilde führt und keineswegs vom Bild zur Gefühlsbewegung. Die Angst belehrt uns zur Genüge darüber, die sich aus sich selbst nährt und uns das Gefürchtete darbietet, als sei es gegenwärtig, aber durch die bloße Macht der körperlichen Unruhe. Es ist der wirkliche und gegenwärtige Körper des Menschen, der das Trugbild bezeugt; und wir glauben, gesehen zu haben, weil wir sicher sind, daß wir große Furcht gehabt haben. Indem sie diesem Wege folgen, hüten sich die Romanschriftsteller davor, Erregungen und Gefühle wecken zu wollen durch die Beschreibung der Dinge; ganz im Gegenteil: durch das Gemälde der Gefühle und durch die Angst und die bemessene Unruhe, die sie durch ihre Worte hervorbringen, lassen sie uns die abwesenden Dinge gegenwärtig werden. Hier ist es nicht die Leiche, die die Gefühlsbewegung bewirkt; es ist vielmehr die Gefühlsbewegung, die die Leiche hervorbringt. Und wie in der Angst glaubt man gesehen zu haben, und das um so mehr, weil man nicht die Muße gehabt hat hinzuschauen; ebenso bewahrt uns der Künstler davor, den Dingen ins Gesicht zu schauen, die sich wie Wahngebilde auflösen würden, und führt uns zu anderen Gedanken. So findet sich das wirkliche Ereignis, dem er seine Dichtung entnommen hat, transponiert; das, was man niemals sieht, ist das Wirkliche der Fiktion, und im Gegensatz dazu ist das, was man sehen kann, die Erinnerung an diesen Schatten, der der Schatten eines Schattens ist.

16. Dezember 1921

In allen alten Kulturen findet man magische Praktiken, die, scheint mir, immer darin bestehen, daß die wohlwollenden Zeichen eine günstige Wirkung haben müssen und die übelwollenden Zeichen das Gegenteil. Und das scheint vollkommen unsinnig zu sein, wenn man gewisse Beispiele bedenkt. Wer glaubt denn schon, daß man einen Menschen krank machen kann, indem man ein Stück seiner Kleidung verbrennt oder in Gift taucht? Wer glaubt denn schon, daß man eine Verwundung unheilbar machen kann, wenn man den Pfeil, der die Verwundung bewirkt hat, nach der Verwundung mit Gift bestreicht? Ich finde derartige Beispiele bei Frazer und anderen. Und ich glaube, daß die Erklärung von Irrtümern dieser Art durch Gedankenassoziation völlig abstrakt und unzureichend ist. Man müßte jedes dieser Beispiele aufmerksam betrachten.

In denen, die ich angeführt habe, stelle ich zunächst eine energische Mimik fest, die die Leidenschaften belebt. Wenn es schon – durch physiologische Mechanismen – natürlich ist, daß es einem gereizten Menschen Spaß macht, Dinge völlig unnütz zu zerschlagen, ist es noch natürlicher, daß es ihm gefällt, das Bild seines Feindes oder Dinge, die ihm gehören, zu zerstören. Entsprechend führt ihn das Bedauern, das er empfindet, seinen Pfeil nicht vergiftet zu haben, bevor er ihn abschoß, ganz natürlich dahin, eben diesen Pfeil, wenn er ihn aufbewahrt hat, in die gefährliche Flüssigkeit zu tauchen; auf diese Weise tut er nichts anderes, als sein eigenes Bedauern zu mimen; das ist eine nachdrückliche Art und Weise, es gegenüber anderen und sich selbst auszudrücken. Diese Mimik verdoppelt den Zorn, läßt den Haß wieder aufleben und ist somit direkt geeignet zu schaden. Ohne Zweifel hat lange Erfahrung gezeigt, daß selbst die heftigsten Leidenschaften dem Vergessen anheimfallen, und zwar viel schneller, als man an-

nimmt, wenn man sie nicht durch Zeichen wiederbelebt. Es ist also im strengsten Sinne wahr, daß die menschlichen Übel aus solchen Zeichen und solchen Zeremonien hervorgehen.
Das Übel, das aus bloßer Meinung entspringt, ist noch schneller, es durchmißt Entfernungen, ohne daß man sagen könnte, welchen Weg es genommen hat. Denn derjenige, der weiß, daß er einen erbarmungslosen Feind hat, ist von diesem Gedanken notwendigerweise bis zur Raserei erregt, und zwar durch eine Mischung aus Angst und Wut. Daher kommt es, daß Zeichen viel sicherer wirken als Waffen; denn gegen Zeichen gibt es keinen Schild; und wer mein Bild zerreißt, zeigt dadurch zur Genüge, welche Gefühle er in meiner Gegenwart empfinden wird. Auch Worte verletzen; allgemeine Verachtung kann töten. Diese Erfahrung macht jeder Mensch in seinen Beziehungen zur menschlichen Ordnung; diese Erfahrung ist die einzige, die das Kind machen kann, da es alles von seinesgleichen erwartet und da es durch Zeichen, Lächeln oder Schreie, alles erhält, was es erhält. Daher bleiben die wohlwollenden oder übelwollenden Zeichen mit Macht besetzt und sind ganz natürlich die ersten Beispiele von Ursachen, die wir feststellen können. Die Physik des Kindes ist eine Physik des Menschen, in der die Erfahrungen von unseren Gefühlen abhängen, da das erste Gesetz in ihr das Gesetz der Zeichen ist. So ist unsere erste Erfahrung beschaffen, an die man nie genügend denkt. Daher bleibt in jedem Menschen eine Furcht vor Zeichen und ein Festhalten an der Höflichkeit, und das eine wie das andere ist wohlbegründet. Höflichkeit ist eine Vorsichtsmaßnahme gegenüber Zeichen durch Gebrauch von Zeichen; man kann sie nicht außer acht lassen, ohne sich dem grausamen Bedauern auszusetzen, geschadet zu haben, ohne daß man es wollte. Denn es bleibt wahr, daß Bedrohung oder Mißtrauen, die doch bloß Zeichen sind, in einem Verletzten das Fieber um einige Grade steigen lassen. Wenn man die Sprache der frühen Zeit mit ihren Zeichen und materiellen Symbolen, die so ganz natürlich zeremoniell und auf die geringsten Zeichen aufmerk-

sam war, auf diese Bemerkungen bezieht, wird man weniger über die seltsamen Bräuche erstaunt sein, an die ich erinnert habe; und noch der rückständigste Wilde wird uns viel weiter vom Tier entfernt erscheinen und uns viel näher.

11. März 1922

Der gerechte Mensch bringt um sich Gerechtigkeit hervor, weil er die Gerechtigkeit in sich trägt. Jedes Begehren, jede Angst und jeder Zorn gehorchen seiner inneren Regierung, es erhebt sich in ihm nicht jene Trunkenheit zu besitzen oder zu erwerben, die Ungerechtigkeit hervorbringt. So zeichnet Platon den wahrhaft Gerechten, der sich das Gesetz gibt und es nicht erleidet. Der unklare Nietzsche, der die Macht über Gut und Böse stellen wollte, begriff, scheint mir, nicht ganz, daß die höchste Macht in sich selbst gerecht ist, und zwar durch jenen Umweg, daß sie das äußere Gesetz verachtet, das den Charakter der Polizeigewalt hat, und es dadurch aufhebt. Und diese Gedankenbewegung erkennt man auch im Evangelium, das sich dem alten Gesetz entgegenstellt und ihm damit ein Ende macht.

Ich schwebe nicht in den Wolken. Platon schwebt nicht in den Wolken. Ich bin keiner Ungerechtigkeit begegnet, die ohne Wut wäre, noch einem Diskontnehmer von fröhlichem Gemüt. Es ist angenehm zu besitzen und zu bewahren, aber andererseits ist es schwierig, zu nehmen. Dazu bedarf es gleichsam einer Verstärkung der Wut, man muß die Gefängnisse öffnen, wie dieser erhabene Mensch sagt. Jeder hat bei eleganten Menschen schon einmal den Augenblick feststellen können, wo sie zu wenig bezahlten oder zuviel einnahmen, was nicht schön ist. Ich habe einen vornehmen Herrn mit feiner Krawatte gekannt, der in der Kunst brillierte, einen Schadenersatz von hundert Franken aus einem Anspruch von hundert Sous herauszuschlagen, ob es sich um einen Koffer oder um ein Fahrrad handelte; aber er konnte es nicht, ohne üble Figur dabei zu machen, die zweifellos eines der Mittel seines Tuns war. Auch sein Lächeln wurde zur Grimasse, und das mußte es wohl. Hätte er ein schönes Gesicht gezeigt, ruhig, gelassen, was ein Zeichen inneren Friedens und guter Selbstbeherrschung ist, so hätte er sich ohne Kraft gefunden, den Anspruch zu erheben; er hätte nur das erhalten, was ihm rechtens zustand, und vielleicht weniger als das. Wenn man seine Anmut bewahren will, verliert man immer ein wenig Geld. Deshalb runzelte Rénal in Stendhals Roman *Rot und Schwarz* die Stirn bei der bloßen Erwähnung von Geld; er mobilisierte das Schlechteste; er öffnete die Gefängnisse. In dieser Hinsicht wird der Ungerechte auf der Stelle bestraft. Das ist das innere Gesetz.

Der ungerechte Mensch bringt Ungerechtigkeit um sich hervor, und sie wendet sich sogleich gegen ihn selbst. Hier findet man die andere Bestrafung. Wenn du schlägst, wird man zurückschlagen. Mich hat immer die Naivität des Soldaten verwundert, der es ganz natürlich findet, die Granate abzuschießen, und ungeheuerlich, wenn sie auf ihn selbst abgefeuert wird. Aber die Granate kümmert sich nicht um Urteile, sie gibt mechanisch Schlag auf Schlag zurück. Bild der Gewalttätigkeit, die auf Gewalttätigkeit antwortet. Die Faust verletzt sich, indem sie verletzt. Eine Armee wird aufgerieben, indem sie die andere aufreibt. Der Dieb wird bestohlen entsprechend den Regeln des Spiels. In der Schule wird ein brutaler Junge auf der Stelle bestraft. Ein Mensch allein ist immer schwächer als zwei, die sich verbündet haben. Was sind denn zwei verbündete Menschen anderes als zwei Menschen, die durch einen Vertrag verbunden sind? Auf diese Weise unterwirft jeder Mensch mit Notwendigkeit seine eigene Macht einer Art Gerechtigkeit. Die Römer waren mächtig durch Eroberung, weil sie zu gehorchen und den Eid zu halten wußten. Die Meister des Krieges sind auch Meister des Rechts. Kein Weg führt da hinaus. Der Königstreue ist hungrig auf Macht, aber auch auf Gehorsam, und zwar zuerst auf Gehorsam und zuerst auf Treue. Gerechtigkeit ist die Waffe des Ungerechten. So gewinnt er denn nichts; und er verliert insofern, als ihm die Gerechtigkeit mit Stockschlägen beigebracht werden muß, statt daß er aus freier Überzeugung auf sie zugeht. Zivilisation müßte man diese erzwungene Gerechtigkeit nennen, die gleichsam der Vorbote der anderen ist. Und zweifellos muß man mit ihr beginnen, wie Jean-Christophe Musiker wird unter der Zuchtrute. Ohne diese strengen Lektionen, in denen der Dieb den Dieb bestraft, besteht nicht die geringste Wahrscheinlichkeit, daß dieses furchtbare Wesen sich je die Zeit genommen hätte zum Nachdenken. Und ohne die Dornen des Sieges wäre es nie darauf gekommen, den Frieden zu lieben. Alle Weisheit schuldet der Notwendigkeit mehr als eine Votivtafel.

10. Mai 1922

Platon sagt so nebenher, die Liebe sei die Tochter des Reichtums und der Armut, und sagt damit etwas Großartiges. Jeder kennt Liebestragödien und wundert sich, daß die armseligste Célimène einen würdigen Mann zu der Handlungsweise eines Narren verleiten kann. Nun, das ist Reichtum, der schlimmstes Übel hervorbringt; Reichtum, also Würde, Herrschaft über sich selbst, hohe Auffassung vom Helden und von der Liebe. Wenn der Mann nur an Armut litte und an dem Verlangen nach einer Célimène, wäre das Übel bald geheilt. Aber Bedürfnis ist nicht Liebe; und auch Begehren ist nicht Liebe. Liebe ist ein Ehrgeiz, der die kleinen Mittel verachtet und sich anerkannt wissen will von einer anderen Macht. Darum will jeder, daß die andere Macht stolz und schwer zugänglich sei, und so erhöht er sie immer und schätzt sie fast immer zu hoch ein und leidet darunter, sie geschmälert zu sehen. Diese Art von Enttäuschung gibt es in der Eifersucht. Daher kommt es, daß man diese äußeren Vorzüge, auf die die stolze Macht nicht einmal achtet, in sich selbst immer ein wenig verachtet und im Rivalen haßt. Es gibt nichts Schlimmeres, als wenn man Schwäche, Versklavung, Abhängigkeit, Verblendung, Dummheit in der entdeckt, die man erobern möchte. Denn man will zwar, daß sie schwach sei, aber nur für einen selbst allein, und zwar schwach aus freiem Willen. So ist das Spiel der Liebe zwischen dem Ritter und seiner Dame; so ist es zwischen dem Hirtenmädchen und dem Ochsentreiber. Manchmal kommt Verachtung auf in dem Alceste mit den grünen Bändern oder dem Flanellgürtel, und er geht fort. Öfter noch will er sich trösten durch die leichte Eroberung dessen, was um so vieles unter ihm steht; doch er täuscht sich auch darin noch, da er das eine Mal zu viel verachtet, das andere Mal zu sehr schätzt und so immer wieder gedemütigt wird. So wälzt er sich denn in der Nacht wie ein Kranker und kostet seine Knechtschaft aus. Je weniger die Frau wert ist, desto fester zieht sich der Knoten des Dramas. Ich schildere hier nur die Leidenschaft des Mannes; die der Frau erklärt sich wahrscheinlich aus denselben Gründen. Deshalb muß man sich nicht wundern, wenn eine unwürdige Frau bis zum Wahnsinn geliebt wird; das ist nicht die Ausnahme, das ist die Regel.

Der Zorn Achills, der weltbekannt ist und seit dreitausend Jahren gerühmt wird, schließt alle Arten des Zorns in sich. Er ist nicht so sehr beraubt, weil man ihm seine schöne Sklavin genommen hat; man bietet ihm zwanzig andere und sogar die, die man ihm genommen hat, ohne daß man ihn erweichen könnte. Er ist nämlich in tiefster Seele beleidigt, verachtet und sogar als Sklave behandelt. Vielleicht sogar über alles gedemütigt durch seinen eigenen Zorn. Daß man ihn außer sich gebracht hat, daß ein Mensch auf der Welt überhaupt diese Macht hat, eben das verzeiht er nicht. Der Bemerkung wert ist dabei, daß alle Beleidigungen, die er zunächst ausstößt, auf ihn zurückfallen; denn man gewinnt nichts dadurch, daß man denjenigen verachtet, von dem man abhängt; das heißt sich selbst verachten. Nichts kann die Beleidigung tilgen; töten würde nichts auslöschen. Auch er weiß es. Nehmen Sie jetzt an, es sei die schöne Briseis selbst, Königin und frei, die sich von ihm zurückzöge, die Sklavin eines anderen würde und dadurch die Krone erniedrigte, mit der er sie gekrönt hatte, dann würde die Wut aus derselben Quelle fließen. Alle Leidenschaften also erscheinen in dieser erhabenen Szene, wo man den Unerbittlichen in dem halb geöffneten Zelt sieht, wie er sich durch Gesang und Saitenspiel bändigt und eine Stunde nach der anderen seinem unersättlichen Zorn abringt, während der Freund, der vor ihm sitzt, die unbeugsame Notwendigkeit und den in seinen eigenen Ketten gefesselten Willen betrachtet. In dieser freien Gestalt, in diesem Gesang, in dieser Ruhe, in diesem trügerischen Frieden. So viel Blut an seinen musizierenden Fingerspitzen, die Gefangenen hingeschlachtet, Hektor geschleift, Priamus als Bittsteller, alles Folgen einer

Beleidigung, die in der Stille immer wieder aufwallt. Blinde Rache; und die Szene umschreibt von fern auch unsere Klugheit, da die politische Maschinerie die Leidenschaften aufnimmt und sie ihren Zwecken unterwirft.

4. November 1922

Die Antike ist das Zeitalter der Orakel; die Schicksalsidee lastete auf allen Taten; der Held erwartete den Zorn wie ein Zeichen. Die moderne Idee ist die ritterliche Idee der Bewährung. Ich habe oft an den Engländer gedacht, der zur Zeit jenes endlosen Krieges zwischen ihnen und uns nach Frankreich aufbrach und seiner Dame schwor, das rechte Auge so lange verbunden zu halten, bis er gesiegt habe. Aus dieser Geschichte, ob wahr oder erfunden, erkennt man deutlich die allgemeine Idee, die man auch in den Märchen findet. Diese Idee besagt, daß man eine Probe bestehen muß, wenn man das Glück verdienen will. Und ich glaube keineswegs, daß diese Idee theologisch ist, denn die Theologie einer Zeit ist Wirkung, bevor sie Ursache wird; die unmittelbare Religion ist hier die der Ehre. Übrigens gibt es in irgendeiner Form eine Theologie der Ehre, das heißt eine rituelle Handlung oder ein Zeremoniell, das selbst Wirkung und nicht Ursache ist. Das Neue im modernen Menschen besteht darin, daß er sich als Herrn seiner selbst erkennt; deshalb erscheint ihm alles, was noch an Orakel erinnert, unterlegen und entartet. Der moderne Mensch ist gegen das Schicksal entschlossen; nicht zum Widerstand wie der antike Denker, sondern zum Angriff. Er sucht den Angriffspunkt und den Durchbruch in diesem mechanischen System, das ihn umgibt. Er will durchkommen, er kommt durch.

Zweimal zog der stille und besonnene Descartes in den Krieg. Soviel man darüber weiß, ohne jede Leidenschaft; dieser einsame Mensch hatte sich von allen äußeren Verpflichtungen freigemacht. Er war es sich nur schuldig, kein Zuschauer zu bleiben; das war nicht erlaubt. Und dieser Mensch von schwacher Gesundheit erprobte nicht seine Körperkraft, wie es Ajax getan hätte, sondern vielmehr seine Willenskraft. Ganz so wie der andere, der geschworen hatte, sein rechtes Auge verbun-

den zu halten. Solche Menschen sind nicht minder furchterregend als Achill.
Die Kriege unserer Zeit entspringen keineswegs einer wilden Lust, sich zu erzürnen und zu töten. Das macht sie sogleich absurd. Ihre Ursache liegt in der Ehre und in der Langeweile, die Zwillinge sind. Die Langeweile ergreift alle, die nach dem äußeren Orakel leben. Wenn der Zufall uns all das brächte, was auf der Welt beneidet wird, Reichtum, Ruhm, Liebe, dann wären diese glänzenden Gaben unter dem Blick des freien Menschen bald ihres Glanzes beraubt. Er hält sich für unwürdig, wenn er nichts will und nicht handelt. Aber indem ich diesen Gedanken noch strenger auf ihn anwende, möchte ich sagen, daß er, wenn er nicht handelt, diesen sprühenden Funken des wahren Glücks, das das andere Glück zum Leben erweckt, nicht besitzt; deshalb sucht er Abenteuer; so wird noch der unsinnigste Krieg geführt, wie früher die formvollendeten Duelle ausgetragen wurden, nicht weniger brutal in ihren Wirkungen als das homerische Kampfgetümmel.
Lese ich nach dieser Idee in den menschlichen Beziehungen, dann wird mir sogleich klar, daß diese unerklärliche Praxis, ich meine dem Anschein nach unerklärlich, aus sich heraus das theologische Gewächs als äußere Konstruktion hervorbringen muß. Daraus ist die Gottheit unserer Zeit hervorgegangen, die man Vaterland nennt. Joseph de Maistre wollte sagen, daß die Idee der Prüfung einen Gott voraussetzt, da sie ohne diese Voraussetzung unsinnig wäre. Aus dem gleichen Grunde schenken Tausende von Menschen dem Vaterlande ihr Leben. Niemand würde, selbst wenn er nicht lange darüber nachdächte, glauben, der Held sei nur sich selbst verpflichtet. Davon hat der Held wohl irgendeine Vorstellung; aber die Theorie vom Helden wird vom Feigling gemacht. Meiner Meinung nach hat der moderne Mensch, der in den Krieg zieht, Furcht vor sich selbst. Er fühlt sich hineingezogen; er braucht einen äußeren Gott, den er verehrt. Er wird gerade in dem Augenblick Patriot, in dem er etwas wagt, denn wagen scheint ihm nichts

Natürliches zu sein. Bayard entdeckt in sich die Quelle des Mutes, er wird ruhiger, weil er alle Kräfte in sich selbst spürt; er geht furchtlos auf den Feind zu und lächelt dem Vaterlande wie einem Traumbild zu; er fühlt sich ein wenig jung, ein wenig albern wie der Husar Stendhal auf seinem Pferd.

14. Dezember 1922

Der Jansenist ist ein strenger Freund, der kein Mitleid kennt, weil er nicht auf Ihre Schwäche Rücksicht nimmt, sondern stets an Ihre Kraft appelliert, und das heißt ehren. Er ist furchtbar, weil er genau das fordert, was Sie nicht verweigern können, nämlich ein freier Mensch zu sein. Seine Art zu helfen besteht keinesfalls darin, helfen zu wollen; denn sein höchster Grundsatz lautet, daß nichts gelingt, wenn man sich nicht selbst hilft. Ich vergleiche ihn mit einer Schale, die von Verachtung überfließt; das ist seine Art, uns zu stärken. Da er überzeugt ist, daß die äußeren Mittel wie Polizei und Zwang einen Menschen nicht wirklich ändern, sondern daß der Mensch sich nur ändern kann durch einen festen Entschluß, versetzt er uns einen Schlag, behält uns im Auge und wartet auf das Wunder. Und er will weder sagen noch überhaupt zu verstehen geben, daß ihm das Wunder Freude machen wird, denn dann würde der Mensch sich vielleicht zum Besseren ändern, um ihm Freude zu bereiten, und das hätte nicht den geringsten Wert. »Ihr Heil«, so denkt er, »hängt ganz allein von Ihnen ab; und was Ihr Wille vermag, das vermag nichts anderes auf der Welt, weder der Zwang noch das Mitleid, nicht einmal die Liebe.« Wenn Sie Latein, Musik, Malerei oder Philosophie lernen wollen, so suchen Sie einen Jansenisten auf, der sich auf diese Dinge versteht. Sie werden ihn zunächst lieben, ohne zu wissen warum, aber nach zwanzig Jahren wird Ihnen vielleicht aufgehen, daß er der einzige war, der Sie liebte. Schmied.

Der Jesuit ist ein nachsichtiger Freund, der sich nicht allzu sehr auf Sie verläßt, sondern auf Sie eingeht und Sie mit den zarten Banden der Gewohnheit umstrickt, indem er nichts fordert, als daß Sie zunächst einmal lächeln und zeigen, daß Sie gern bei ihm sind; er hat nämlich die Schwäche des Menschen empfunden, und auf sie richtet er sein Augenmerk und sagt sich, daß alles Tun den Menschen mit sich fortreißt. Ob Sie nun Ihre Pflicht verdrießlich tun oder um ihm zu gefallen oder ganz einfach aus Nachahmungstrieb, das kümmert ihn wenig, da er vor allem auf das Gewand, die Haltung und auf die äußere Anmut achtet, ohne die selbst der begabteste Mensch über das erste Hindernis stolpert. Dieser, so glauben Sie zunächst, liebt Sie, und Sie machen sich Vorwürfe, daß Sie ihn nicht lieben. Nach zwanzig Jahren jedoch, wenn er Ihnen beigebracht hat, selbst noch aus Ihrer Faulheit Nutzen zu ziehen, entdecken Sie, daß er Sie ein wenig verachtet, wie er alles und sich selbst verachtet. Nun, auch der Jesuit hat recht; denn es gibt kein wohlgeordnetes Leben, wenn man Äußerlichkeiten und die Regeln der Höflichkeit vernachlässigt. Nehmen Sie also, wenn Sie können, beide zum Lehrer und später zum Freund. Ich sage Jesuit und Jansenist, denn diese beiden können Sie sich vorstellen. Bedenken Sie dabei aber, daß diese beiden Menschentypen ein wenig älter sind als die christlichen Orden, die Häresien und das Drama des Kalvarienberges. Kurz, es gibt zwei Religionen: eine aus Umgangsformen und eine aus Urteil. Umgangsformen sind nicht alles; aber man braucht Umgangsformen, ein Verhalten, eine gewisse Haltung, die mit dem Tempel und der Zeremonie in Einklang stehen. Der Jesuit denkt, das genüge und das Urteil werde sich dann schon einstellen. Dagegen läßt sich, wie es der Jansenist tut, denken, daß das Urteil dadurch absterben wird und daß der wohlerzogene Schüler überhaupt nicht mehr denken wird. Es bedarf also zweier Momente; zunächst einmal des Momentes des Kults, das guter Erziehung entspricht, dann des Momentes der Reflexion, das die Zeremonie, die Haltung und sogar die Zukunft des Wohlerzogenen beurteilt. Die Erziehung ist die Grundlage und gleichsam die Natur des Gesetzes. Man erhält sie nur durch Gnade.

12. Februar 1923

VON DER METAPHER

Die Metapher ist älter als der Vergleich. Beim ersten Nachdenken darüber könnte man das Gegenteil annehmen, wenn man nämlich Homer und seine berühmten Vergleiche an den Anfang der Menschheitsgeschichte stellen will; Metaphern wären dann abgekürzte Vergleiche, wie wenn jemand schreibt: »Der Strom der Beredsamkeit«, statt die beiden Glieder getrennt und parallel zu entwickeln: »Wie ein Strom . . . so die Beredsamkeit.« So habe ich die Dinge einmal gesehen, als ich davon träumte, über die Metapher zu schreiben; ich hatte nämlich noch nicht gelernt, weiter zurückzuschauen. Nun, weit hinter Homer drängt sich eine Menschheit, die durch Märchen, Sprichwörter, Parabeln, Statuen und Tempel spricht, und zwar immer metaphorisch. Auch ist es wahr, daß ich nicht genügend die Metapher als den ersten Zustand eines jeden Vergleichs bedacht hatte. Die Sprache schließt die ganze Dichtung in sich ein.

Die echten Sprichwörter zum Beispiel sind reine Metaphern; der Vergleich ist darin nicht nur abgekürzt; vielmehr fehlt ein Glied. »Jeder kehre vor seiner Tür.« Gewisse Parabeln tragen dieselbe Prägung, indem nämlich die Idee darin sich durch einen Gegenstand ausdrückt, und zwar ohne jeden Kommentar; die Fabel von den Fröschen, die einen König wollen, ist von dieser Art, wenn man davon absieht, daß in alle Fabeln und gleichsam unter das Bild irgendein Grammatiker, wie ich vermute, eine Moral geschrieben hat. Das ist die gleiche Art, in der wir gewissen Sonaten Beethovens einen Titel geben möchten. Aber nach altem Brauch gibt es niemals Ideen außerhalb des Bildes; vielmehr steckt die Idee im Bild und läßt sich nicht von ihm trennen. Die Parabeln des Evangeliums tragen oft den Stempel des Grammatikers; sie entwickeln sich dann nach der Art der Vergleiche; andere, die wie Sphinxe sind, sind älteren Stils und bewundernswerter, wie etwa die des Feigenbaums, der verflucht wurde, weil er keine Feigen trug, »und dies war nicht die Jahreszeit der Feigen«. Ich glaube, dieses Rätsel gelöst zu haben, will mich aber nicht übereilen, es zu erklären. Zweifellos liegt darin mehr als ein Sinn, wie in Sprichwörtern; und wenn man sich zu rasch dessen bemächtigt, was man sieht, läuft man Gefahr, für immer zu verwirren, was man noch nicht gelöst hat.

Es ist wahrscheinlich, daß die ältesten Zeichen ohne Worte waren und also völlig metaphorisch; genauer noch, daß sie unabsichtlich metaphorisch waren, wenn ich so sagen darf. Zum Beispiel war ein Grab in alter Zeit nur ein Steinhaufen, der die Leiche vor den Wölfen schützte. Je mehr Freunde der Verstorbene hatte, desto größer war der Steinhaufen. Das waren die ersten Pyramiden, und zweifellos ergaben Schwerkraft und Form der Steine eine erste Idee von diesen kristallinen Gebilden, die die Andacht der Freunde nur zu vollenden brauchte. Aber ob sie nun vollendet waren oder nicht, diese Gräber wurden bald die mächtigsten Zeichen; diese Schriftzeichen, die zu den ältesten gehören, wurden also gezeichnet, bevor man lesen konnte; aber jedesmal, wenn ein Mensch versuchte, sie zu lesen, schloß sich ein neuer Gedanke mit dem Toten ein; so entstand der Kult, aus dem später die Religion hervorgehen sollte, die die Gräber sprengt und, indem sie die Idee befreit, die Seele zu erlösen glaubt.

Alles an den Ursprüngen ist geheimnisvoll, und die Schwierigkeit besteht oft darin, sich in die Seele des Primitiven zu versetzen. Die Sprache der Frühzeit wurde zunächst geschrieben. Und diese erste Schrift war die Kunst. Es blieb etwas von diesen schönen Schriftzügen in den Alphabeten. Ich ersehe zum Beispiel aus dem Grab, wie der Mensch zur gleichen Zeit lesen und schreiben lernte. Die Metapher befindet sich an dem Punkt, wo ein materielles Zeichen einen Sinn trägt, der es bei weitem übersteigt. Der Himmel würde noch schöne Beispiele dieser natürlichen Poesie bieten. Denn die Sterne bezeichneten den Stier, den Adler und den Schwan, Perseus und Herkules, kurz, eine ewige Geschichte; und währenddessen hörten die Himmelskörper nicht auf, einen metaphorischen Sinn auszustrahlen, der zur Vorbedeutung wurde. Unsere Sprache hat noch in tausend Weisen teil an dem antiken Ornament, und auf diese Weise ist sie in der Lage, einen Stil hervorzubringen und uns auf unerklärliche Weise zu bewegen. Die Metapher geht aus ihrer eigenen Asche hervor wie Phönix, der König der Metaphern.

3. März 1923

Man kann sich bilden durch den Gegenstand; man kann sich bilden durch den Geist. Der erste Weg ist der der Techniker; und hier ist es der Erfolg, der über Wahr und Falsch entscheidet. Schmieden lerne ich, indem ich Eisen und Hammer erprobe; niemand zieht hier meine Gedanken zur Rechenschaft; vielmehr ist es das Werk, an dem man den Arbeiter erkennt. Alles Wissen reifen Alters ist so beschaffen; man geht darin mit dem Denken sparsam um; selbst im Beruf des Advokaten oder des Anwalts, der seiner Natur nach auf dem Vernunftschluß beruht, der auf das Überzeugen abzielt, gibt es eine Routine, so wie es eine Routine des Richters gibt. Bestenfalls sind es angemessene Routinen. Daher sieht man zuweilen Sachkundige, die Hohlköpfe sind.

Die Grundschule hat diese Richtung eingeschlagen, indem sie Routine zu verschaffen sucht, um korrekt zu schreiben, um die Worte einander anzupassen, um zu messen, zu zählen. Man hat zur Genüge festgestellt, daß Schüler der Grundschule gut rechnen, und man macht sich lustig über einen Gymnasiasten, der zwar die Theorie der Addition kennt, aber schlecht rechnet. Nun, Routine im Zählen erwirbt man durch den Gegenstand; es ist der Gegenstand, der über alles entscheidet; so sieht man denn, daß eine klare Anordnung der Zahlen viel bewirkt, wie jeder Buchhalter Ihnen sagen wird. Der andere Schüler bringt den Geist ins Spiel und täuscht sich sehr leicht, denn nichts ist so unsicher, so flüchtig und trügerisch wie der Gedanke. Die primitiven Kulturen zeigen diesen Kontrast einer erstaunlichen Vollkommenheit der Handwerke in Verbindung mit phantastischen Ansichten, die auf Vernunftschlüssen beruhen. Das Erstaunliche, und darauf muß man mehr als einmal achtgeben, ist, daß der Fortschritt der Wissenschaften aus theologischen Verstiegenheiten hervorgegangen ist und nicht aus den Handwerkszweigen.

Was heißt denn, durch den Geist lernen? Es heißt, in Gemeinschaft denken. Der Geometer, der sich an den subtilen Gedanken Euklids gebildet hat, ist immerfort damit beschäftigt, sich mit einem imaginären Gesprächspartner abzustimmen mit Hilfe einer Definition, die ganz eindeutig ist; und von da aus erobert er den anderen durch Vernunftschlüsse, die auf mögliche Einwände antworten. Daraus ergibt sich jene Erkenntnis, die man so treffend universell genannt hat, das heißt, allen Geistern gemein. Mag das Objekt dazu sagen, was es will. Die Aufmerksamkeit des Geometers richtet sich nicht auf das, was der Kreis dazu sagt, sondern vielmehr auf das, was der andere Geist, mit dem er sich unterhält, dazu sagen könnte. Diese Art des Denkens ist Darlegen; und nichts setzt einen ungebildeten Menschen mehr in Erstaunen als diese Bemühungen, korrekt darzulegen, was nach der Ausführung gar keinen Zweifel mehr läßt. Dieses Denken, das sich Zeit läßt, ist der Oberschule eigen. Auf der Hochschule findet man dann den Techniker wieder, der sich mit dem Gelingen begnügt und daraus gar einen Lehrsatz macht. Zum Beispiel gelingt es einem, das Gesetz der Gravitation zu beweisen unter der Bedingung einiger einfacher Voraussetzungen, denen alle zustimmen, denen er sie vorlegt. Aber der Techniker, ich möchte sogar sagen, der der höheren Mathematik, wo Routine fast gefordert wird, wird eher sagen, daß ein solcher Beweis verlorene Zeit ist und daß es genügt zu wissen, daß die Theorie die Sache trifft und durch Erfolg honoriert wird; was im Grunde Volksschulwissen ist. Jedes Metier führt dahin, auch das des Astronomen. Was allgemein ist, das heißt, was Erfolg hat, kommt allerdings dem Universellen gleich, das erhellt. Aber diejenigen, die sich nicht die Muße und den Luxus gegönnt haben, gut zu denken, sind ohne jede Einsicht und jeglicher Mittel beraubt, wenn es nur darum geht, dem Menschen gemäß zu denken. Deshalb ist jene Denkpause, die so gut zwischen dem allgemeinen Handwerk und den Spezialisierungen eingefügt ist, gut für alle. Ich möchte sogar sagen, daß sie denen, die nur langsam und schwerfällig denken, noch notwendiger ist. Reformer des Unterrichtswesens, denkt daran.

26. April 1923

Die Stoiker waren fromm. Darin waren sie Vorbilder und haben, wie ich annehme, nicht ihresgleichen. Diogenes in der Tonne ehrte die Tugend und verachtete alles andere auf der Welt; deshalb kann man ihn noch nicht fromm nennen; ich nehme vielmehr in diesem anstößigen Genie die Seele der Unfrömmigkeit wahr, wenn ich so sagen darf. Einen Trunkenbold kann man nicht unfromm nennen; einen Leidenschaftlichen auch nicht; nicht mal einen Brutalen. Unfrömmigkeit ist eine Art Denken; und ob sich dieses Denken auf diese oder jene Weise stützt, darauf kommt es nicht an; selbst wenn es mystisch wäre, so wäre es darum noch keine Frömmigkeit; wenn es abstrakter Materialismus wäre, so wäre es darum noch keine Unfrömmigkeit. Dasjenige achten, was man für achtenswert hält, ist noch keine Frömmigkeit; und der kraftvolle Ausdruck Sohnesfrömmigkeit zeigt es wohl; dieses Wort bildet gleichsam ein Denkmal, das von allen Menschen verehrt wird; die Idee ist darin intakt geblieben. Frömmigkeit ist also Achtung über alle Vernunft hinaus. »Sei fromm im Angesicht des anbrechenden Tages«; so sagt der Großonkel zu Jean-Christophe. Keiner weiß, was der anbrechende Tag bringen wird; Regen oder Schnee; brutales Ereignis; blindes Ereignis; aber sei zunächst und auch weiterhin fromm.

Die Stoiker hielten stets an einer Art von wirklichem Denken fest, sie nannten sogar das noch körperlich, was Wahrnehmung eines Gegenstandes in der Welt ist. Ohne diese Greifbarkeit war für sie die Idee nichts. Das Sein ist die Welt, und es gibt keine anderen Welten. Gewiß, ihr Denken richtet sich auf die Seele, besser noch auf die Seele der Seele, die Wollen ist. Und von der menschlichen Seele gehen sie durch einen Vernunftschluß, der nicht veraltet ist, zur Weltseele über. Denn, so sagten sie, der Mensch ist ein Produkt dieser Welt und Sohn dieser Welt, und wenn er Vernunft und Willen hat, so auch die

Welt. Die Welt ist also Vernunft und Wille, und zwar ohne Grenzen; denn wer könnte die Welt begrenzen, da nichts anderes existiert? Das ist das Thema aller Theologie. Doch hier nun, worin sie stark und fromm waren: Diese Welt, die Vernunft ist, ist eben diese unsere Welt, dieser Körper der Welt. Was auch immer der Anschein sei, ob heftig, ungerecht, unerbittlich, eben das muß man trotzdem verehren. Nicht jedoch, ohne zu handeln. »Sobald du einen Durchgang siehst«, sagt Marc Aurel, »stürz dich hinein.« Aber hüte dich, das zu verachten, was du nicht ändern kannst. »Alles, was mir die Jahreszeiten bringen, ist für mich Frucht, o Natur«; dieses kurze Gedicht, denn es ist ein Gedicht, stammt auch von Marc Aurel; und Renan ist dadurch gerichtet, daß er sich über Marc Aurel lustig gemacht hat.

Hier zeigt sich die wirkliche Toleranz, die dogmatisch ist und nicht skeptizistisch. Die heidnische Religion war bereits Poesie. Jupiter war auch der Himmel und Ceres die nährende Erde und Neptun das brausende Meer. Die Unwissenden und die Abergläubischen täuschten sich also nur darin, daß ihre Religion wahrer war, als sie wußten. Und auch die Wahrsager waren nicht lächerlich, die den Flug der Vögel beobachteten und die Eingeweide der Opfertiere beschauten. Sogar noch in dem Brauch, zunächst den Göttern das unschuldige Tier anzubieten, von dem man sich nun einmal ernähren mußte, lag eine tiefe Weisheit und eine Vorsicht vor dem Blut. Aber die Wahrsager wußten das nicht recht. Die Regel des Handelns besteht nicht nur darin, zu wissen, was man will, sondern gleichzeitig die Zeichen der Welt zu beobachten, um zu wissen, wohin sie uns führt, wohin sie uns und unseren Tag führt; und eben das ist Frömmigkeit. Aber vollkommene Frömmigkeit ist es, dem Opfer beizuwohnen und den Weihrauch auf die Kohlen zu streuen, ohne etwas von sich zu verleugnen, ohne Ironie und ohne Komödie. Schwierig. Aber ich sehe darin eine Größe und so etwas wie eine Pax Romana.

Juli 1923

Die Stoiker sind dafür bekannt, daß sie gelehrt haben, Tugend sei nichts anderes als Wille. Aber sie sagten auch, die Wahrheit liege im Willen, und das ist nicht so leicht zu verstehen. Folgen wir also einem ihrer Wege. Sie stellten sich und hielten sich, gleichsam religiös, immer dieser Welt gegenüber, in der man niemals zwei gleiche Baumblätter finden kann, zwei gleiche Eier, zwei Zwillinge ohne jeden Unterschied; das waren ihre Lieblingsbeispiele; doch heutzutage wäre niemand in Verlegenheit, weitere zu finden; denn das Wissen läßt, sobald es Ähnlichkeiten vermutet, alsbald Unterschiede hervortreten, und unsere Instrumente vervielfältigen endlos die Vielfalt der Welt. Es gibt also kein Ding zweimal, und kein Ding ist zur gleichen Zeit zweimal da. Es ist der Blick des Aristoteles, der zum ersten Male diesen Aspekt des Wahren entstehen und gleichsam Früchte tragen ließ zur Verwirrung der Schwätzer.

Das also ist ein gut fundierter Begriff und heute allgemein verbreitet. Gehen wir nun von da aus, und sagen wir zweierlei; das erste ist, daß man nicht alles wissen kann, und das zweite, daß man etwas wirklich nur einmal wissen kann. Ich verweile beim zweiten. Eine Idee kann nicht zweimal dienen. Mag sie so glänzend sein, wie sie will, man muß sie in der Folge anwenden, das heißt verformen, verändern, an etwas Neues herantragen, sie auf etwas Neues anwenden. Immer also suchen und niemals wiederholen. Wissen, was ein Arzt ist, heißt, einen bestimmten Arzt nach einer Idee bedenken und entdecken, daß man nicht wußte, was ein Arzt ist. Dasselbe gilt für einen Geizigen, einen Mutigen, einen Schurken, eine Kokette. Da das Objekt immer etwas Neues zu verstehen gibt, das zudem unsere Entwürfe überschreitet, sieht man, daß der Sachkundigste genauso wie derjenige, der weniger weiß, bei jeder neuen Begegnung unerschütterlich denken und die Idee wie ein prüfendes Instrument einsenken muß. Anwenden heißt erfinden, und nur dann ist die Idee wahr; im anderen Falle ist sie tot; im anderen Falle ist sie falsch.

Statt also zu sagen, die Idee sei wahr, sagt man besser, der Mensch sei wahr durch jene Bewegung des Erkennens, die besseres Erkennen ist und ein wenig weiter vordringt oder, um es anders zu sagen, in jedem Augenblick erwacht und von der Idee zur Tatsache übergeht. Aber diese Bewegung ist endlos; denn die Tatsache wird im Denken erneut zur Idee und zu einer neuen Beute. Andere Wesen zeigen sich, auf die man sie anwenden muß, in dem, fast möchte ich sagen, Zusammentreffen von zweierlei Gewalt; denn die Idee steht fest, als wäre sie beschworen, und zur gleichen Zeit zerbricht das Wesen sie doch. Das Aufblitzen des Urteils liegt in diesem Bruch. Nun, wer Tatsachen schmiedet durch solche Arbeit, bei der er sich seiner Werkzeuge bedient, steht eigentlich in der Wahrheit, oder vielmehr ist er selbst wahr; und man braucht nicht zu bedenken, ob das Wahre, zu dem er durch eine energische Anstrengung gelangt, nicht das Falsche für einen anderen ist; sondern beide sind gleich; gleich gemäß der Wahrheit, sofern sie urteilen; gleich gemäß dem Irrtum, sofern sie schlafen. Darum sagten unsere Weisen, der Weise irre sich niemals, selbst wenn er irrt, und der Dummkopf irre sich immer, selbst wenn er Wahres sagt; was er sagt, ist das Wahre eines anderen, nicht seines. Ganz wie der Polytechniker, der sich der gleichseitigen Dreiecke bedient; er sagt das Wahre eines anderen. Aber als Thales seine gleichseitigen Dreiecke erfand, sagte er sein eigenes Wahres. Übrigens hätte auch der Polytechniker sie erfinden können, obgleich man alle Vorsichtsmaßnahmen getroffen hat, an seiner Stelle zu denken. Hier liegt das Urteil; und alles andere ist nur Nachäfferei.

1. Juli 1923

Eine der Ideen des *Eupalinos* besagt, daß der Tempel den Menschen bewegt; wodurch die Architektur der Musik ähnelt. Aber es gilt zu sehen, wie der Tempel den Menschen bewegt. Dadurch, daß die großen Reliefs sich abflachen, sobald man stehen bleibt, als wäre der Anschein der Tiefe aus ihnen vertrieben. Sobald dagegen der Betrachter sich in Bewegung setzt, und sei es nur ein wenig, verschiebt der Tempel sogleich seine Perspektiven, und das um so mehr, je mehr die dem Anschein nach nebeneinander stehenden Teile in Wirklichkeit voneinander entfernt sind; aber das muß man einmal ausprobieren, denn man glaubt es nicht so recht, indem man sich nur einen Schritt unter der Überschneidung der Gewölbebogen und der Kreuzrippen oder vor der Staffelung der Säulengänge bewegt. Das heißt die Tiefe erforschen und sich empfänglich machen für die Festigkeit des Gegenstandes. Denn was man durch die Bewegung überwinden muß, ist der scheinbare Tod der Sache. So ruft uns das Bauwerk an, aber auf eine bestimmte Weise, nämlich nach seiner Struktur. Und Hegel hat zu Recht sagen können, daß die gotische Kathedrale den energischsten Anruf bildet durch den Gegensatz des Äußeren und des Inneren, durch das Rätsel der Strebepfeiler und die Verheißung der Portale und die gedrängte Menge der Statuen, die uns einen Weg bahnen. Ein griechischer Säulengang bewegt uns auf andere Weise. So wäre denn die Madeleine politischer als Notre Dame. Auf jeden Fall aber muß man sich bewegen, denn durch die Bewegung läßt uns das Bauwerk denken.

Die Malerei dagegen hält uns unbeweglich. Stellen wir uns ein gemaltes Bauwerk im Hintergrunde eines Gemäldes vor; dieses Bild antwortet nicht auf unsere Bewegungen, und man kann nicht das Gleiten der Säulen beobachten, die sich mit unseren Schritten zeigen und verbergen; was sogleich das gemalte Gebäude auf den Rang des Beiwerks herabsetzt; was uns vor allem anzeigt, daß dieser Anschein im Zustande des Anscheins bleiben muß, und daß hier das Wahre von uns und nicht vom Gegenstande kommt. Es ist demnach zutiefst wahr, daß Architektur und Malerei nicht aus dem gleichen Zeitalter stammen. Denn das mächtige Objekt aus Stein führt uns zu einem allgemeinen Denken, und zwar so, daß es jede Meditation seiner selbst über sich auslöscht; es unterwirft uns der Lehre. Die Malerei dagegen mit ihrem Anschein, der für immer festgelegt ist, verneint das Sein und vergöttert das Dasein. Das Wunder der Malerei besteht darin, demjenigen Sein zu verleihen, was vergeht; deshalb kann in der Malerei alles gefallen, ein Baum, eine Wolke, eine Spiegelung. Wodurch wir denn gleichsam in der zweiten Potenz unbeweglich sind; denn wir wissen wohl, daß die Bewegung ein Abschied ist von dem Anschein und von uns selbst, oder vielmehr eine Art Hymne an die festgegründete Welt und ein Massaker all dessen, was nur dem Anschein nach da ist.

Ein Triumphbogen ist vielleicht das beredtste Objekt, das es gibt. Und doch ist es nur ein Stadttor, und noch dazu von den Mauern abgetrennt. Der kleine Bogen des Carrousel ist wie ein Zeichen auf diesen Platz gestellt; man sieht durch seine Öffnung andere Dinge; es ist nur ein Durchgang; aber hindurchgehen muß man. Eintreten und hinausgehen ist ein und dasselbe. So erwacht der militärische Schritt; durch dieses Tor, das nichts als Tor ist, erwacht das Unternehmen, das nichts verspricht; was dem Grenadier aus Stein Leben verleiht. Er wartet darauf aufzubrechen. Und darunter schaffen die Schatten auf dem unfruchtbaren Sand Vergessen und Einöde. Denn durch die Kraft dieses Bauwerks, das völliges Außersichsein bedeutet, muß man hindurchgehen, nicht aber darf man stehenbleiben. Auf die gleiche Weise bewegt der Tempel den Menschen, und besser noch die Menge, die ihren eigenen Bewegungen viel gefügiger folgt. Die Wirkung der Musik ist fast weniger energisch. Die Kenntnis des schweren Mantels, den das Bauwerk darstellt, ist also ein großer Teil des Wissens der

Religionen. Der Mensch kann den Zwang, den er empfindet, nicht begreifen; er empfindet unmittelbar die unsichtbare Anwesenheit, den Gott, der keine andere Statue braucht als eben dieses Bauwerk, das in seinem Inneren einen Gott voller Widerhall schafft. Die religiöse Entrückung ist die unmittelbare Wirkung des Gebäudes; suchen wir die Anwesenheit der Götter nicht weit vom Menschen entfernt, sondern ganz nahe bei ihm. Der Mensch kann die architektonische Schönheit nicht ertragen; er beugt also das Knie, und das Gebet wird durch den Gott selbst diktiert. Hier ist das Geheimnis, um den Menschen herum.

28. Juli 1923

Eine der kraftvollen Formulierungen des *Eupalinos* bezieht sich auf die Sphinx; unter diesem Namen verstehe ich auch den Menschen: »List, Rätsel . . . Ungeheuer aus Schweigen und Hellsicht.« Man findet bereits bei Herodot eine ausreichende Vorstellung dieses Kastensystems, wo die größten Verbrechen darin bestehen, gegen den Brauch zu verstoßen. Diese Menschen haben nach dem Instinkt gelebt, bedachten ihr eigenes Tun und brachten sogar in sich den Instinkt hervor, wenn er ihnen fehlte. Diese Verstandestätigkeit hat also keine andere Aufgabe, als zu mißbilligen; daher diese böswilligen, wenn auch teilnahmslosen Gesichter. Eine solche Schönheit flößt Furcht ein. Aber Ägyptisches ist überall; überall findet sich etwas von dieser Weigerung, etwas zu verändern, die bewirkt, daß das Tier Gott ist. Gibt es ein mächtigeres Bild der Vollkommenheit als dieses Krokodil, das ganz auf sich beschränkt ist? Strenges Auge, ohne jede Neugier, aber nicht ohne Aufmerksamkeit, wie man es bei einer Katze sieht.

Ich erinnere mich an Versammlungen, in denen die ägyptischen Götter im Kreis saßen und ihr Selbst bewahrten, und jeder hatte die Füße auf einen kleinen rechteckigen Teppich gestellt. Die Gesichter drückten völlige Abwehr gegen Erfindungen aller Art aus, und nichts wurde gebilligt, nichts erlaubt. Jeder kennt jene Provinzversammlungen, in denen die Gesichter nur sich selbst bestätigen. Nicht daß in diesen Unbeweglichen die Leidenschaften fehlten; aber sie sind nächtig wie die der Katzen. Kein Material für Geschichte, denn die Institution verdeckt das Ereignis. Alle Dichtung und sogar die Sprache kehren zur Form zurück; die Idee beschränkt sich darauf, sich zu genügen, und alle Gedanken werden ausgeschaltet. Das Tier drückt allein durch seine Gestalt aus, was es zu sagen hat. Der Mensch auch, aber mit dem Unterschied, daß er eben das denkt und es der ganzen Welt kundtut. Es ist das

Reich der Wichtigtuerei, in dem man nicht lacht. Dogma wäre zu viel gesagt; denn der Beweis ruft die Diskussion auf den Plan, wie man zur Genüge gesehen hat, und der Atheismus beginnt mit dem ontologischen Gottesbeweis. Ein Ägypter würde sich über unsere Religionen wundern, die voller Erfindungen und Streitgespräche sind, und eben dadurch vernünftig. Und unsere Gläubigen sind eigentlich voller Zweifel hinsichtlich dessen, was ist und was ihnen nicht genügt. Die Blütezeit der Religionen ist dieser unbewegliche Kult des Unbeweglichen, des Unbeweglichen, das für das Ewige gelten möchte. Daher diese in der Masse gefangenen Füße und diese angeketteten Denker. Daß sie böse sind, wäre zu viel gesagt. Vielleicht muß man sagen, daß nur der Hochherzige gut ist. Übrigens mußte sich diese Idee zeigen, und die Sphinx in ihrer Mischung aus Tier und Mensch sagt genug und sagt sogar alles. Manchmal hat ein naiver Mensch für irgendeine Idee vor dieser Sphinxversammlung plädiert; solche Unterhaltungen sind wie Wüsten, die man durchqueren muß.

Denken ist ein Abenteuer. Niemand kann sagen, wo er landen wird; oder er ist kein Denker mehr. Diese strenge Bedingung genügt, um den ägyptischen Gott am Ufer zurückzuhalten. Aber er ist nicht einmal Zuschauer; vielmehr Fels und Vorgebirge; denn man denkt nicht halbherzig. Die Voraussetzung jeder beliebigen Idee in jedem beliebigen Menschen ist ein radikaler Zweifel, wie Descartes richtig erkannt hat. Nicht nur hinsichtlich dessen, was zweifelhaft ist, denn das wäre zu leicht; sondern hinsichtlich dessen, was dem Wahren am nächsten kommt; denn selbst das Wahre muß der Gedanke einreißen und wieder aufbauen. Wenn Sie wissen wollen, dürfen sie nicht mehr glauben, das heißt, den Gewohnheiten nicht mehr den Paß des Geistes ausstellen. Ein Gedanke ist ein Zweifel; aber hinsichtlich der Gewohnheit ist er mehr als das; denn welche Kraft auch die Gewohnheit haben mag, und selbst wenn der Denker sich ihr überläßt, so ist Gewohnheit doch niemals ein Beweis. Nur wenige Menschen haben dieses Wagnis auf sich genommen und diese schwierige Trennung vollzogen und behauptet. Gewöhnlich denkt man spielerisch, indem man aus dem Augenwinkel die ägyptische Gottheit überwacht. Auch Descartes fürchtete, die Götter zu beleidigen; aber hören wir recht, was er sagt: »Denn ich fürchte«, das sind seine eigenen Worte, »Menschen zu mißfallen, deren Autorität kaum weniger über mein Handeln vermag als meine eigene Vernunft über meine Gedanken.« Der fürchterlichste Aufstand liegt in dieser mannhaften Formulierung, einer der schönsten, die ich kenne.

29. Oktober 1923

Wenn Odysseus die Schatten der Toten um die Grube versammelt, die mit Blut gefüllt ist, finde ich keinen Irrtum in dieser Erzählung; sondern es findet sich vielmehr darin die Lage des Menschen und die Beziehung der Lebenden zu den Toten ohne irgendeinen Fehler beschrieben; dieses Spiel der Einbildungskraft klingt kraftvoll und richtig wie eine schöne Symphonie. Die Toten sind um uns und wesentlich vermischt mit unseren nächtlichen und dämmerigen Wahrnehmungen; denn durch Schwächung und Verwirrung der eigentlichen Wahrnehmungen erhalten unsere Erinnerungen Gewicht; es gibt gewisse Stunden und ein bestimmtes Licht, wo die Toten erscheinen; ihr Aufenthaltsort ist also nicht schlecht verlegt in das Land des Nebels und der langen Winter. Und eben durch die Lebenden gewinnen sie neues Leben, erkennen sie, sprechen sie, wie es stark zum Ausdruck gebracht wird durch dieses frische Blut, das sie trinken und das ihnen für eine bestimmte Zeit das Gedächtnis zurückgibt. Es sind wirklich unfaßbare Schatten, kaum umrissen, schwebend, ganz so wie unsere schwachen und unbeständigen Vorstellungsbilder sind. Und diese naive und redliche Mythologie hat die Einbildungskraft besser beschrieben, als unsere Doktoren das tun; denn durch Worte verleiht das Wissen diesen flüchtigen Erscheinungen immer zuviel Körperlichkeit, bis es schließlich fast jeden Unterschied zwischen unseren Träumereien und den Dingen verschwinden läßt; wohingegen der Dichter in einem richtigen Gefühl diesen wirklichen Schatten den Anschein und die Bewegung unserer Gedanken verleiht. Inmitten der Dinge und auf dieser Erde; denn es ist zutiefst wahr, daß wir uns nicht anders als durch ungenaues Tun Dinge um uns her wie etwa Feuer und Rauch einbilden. Ohne die gegenwärtigen Dinge hätten wir nicht einmal Träume. Auch ist die ständige Überlieferung in allen Ländern, die lehrt, daß die Toten sich in der Nacht bei Mondschein und Nebel oder auch im tiefsten Walde zeigen, der Wahrheit näher als die theologische Erfindung, die uns von den Toten trennt und sie an einen entlegenen Ort verbannt; eine unmenschliche Vorstellung.

Alles in dieser Geisterbeschwörung, die zu Recht berühmt ist, ist also harmonisch und in gewisser Weise schon für den Verstand hergerichtet. Alles bis hin zu diesem Odysseus mit dem nackten Schwert, das die Menge der Schatten fernhält und ein wenig Ordnung in diese allzu erregende Träumerei bringt. Denn es ist ebenso wahr, daß die Tat den Traum überwindet und daß der Wille an ihm nur etwas ändern kann durch lebhafte Bewegungen der Körpers, wenn sie geschickt gelenkt werden; und es ist wohl auch das Schwert, das zunächst die Erfahrung gemacht hat, das Schwert, dieses Werkzeug für alles, das ein sichererer Zeuge ist als der Arm. Und noch einmal hat das dichterische Gefühl richtiger getroffen als das Wissen; denn mehr als ein gelehrter Mann weiß nicht, daß das einzige Mittel, die Idee zu ändern, darin besteht, das Tun zu ändern. Alle, die von Leidenschaften beherrscht sind, treiben zunächst die Gedanken durch Gedanken aus, und zwar völlig vergeblich. Die alte Teufelsaustreibung durch Gesten war weiser. Die Teufelsaustreibung durch die Tat ist am besten. In gewisser Weise ist alles wahr in dieser phantastischen Erzählung. Auch gibt es kein menschlicheres Wort als das des toten Achill: »Ich möchte lieber Sklave eines armen Mannes sein als König unter den Toten.« Ein lebendiges Wort. Alle Einzelheiten stimmen, und die naivsten sind die richtigsten. Der Jäger Orion jagt noch immer unter den Schatten; und er verfolgt sogar die Schatten der Tiere, die er getötet hat. Man kann da nicht stehenbleiben, das Nachdenken muß schließlich die Idee erfassen, nämlich daß alles als Schatten wiederkehrt, auch die Tiere, selbst die Bäume und auch das Jagdrevier; das Bild wird – verneint und bewahrt – Gedanke, und die antike Erzählung geht völlig in die Lehre des Weisen über. Platon hat Homer bedacht und hat sich nie auch nur um ein Haar getäuscht durch jene tiefe Kunst des Glaubens, die alle Probleme in ein günstiges Licht stellt. Dagegen ist die Ungläubigkeit die Seele jener traurigen Theologie, die den Anschein leugnet. Traurig, denn wenn der Anschein uns einmal täuscht, dann geht das Denken in dieser wunderbaren Welt ins Gefängnis; und die angenehmsten Gefühle sind dann diejenigen, die uns am meisten täuschen. Aber nein. Der Regenbogen ist Vernunft und Weisheit, wenn auch zwei Freunde, die ihn zusammen bewundern, nicht denselben Regenbogen durch dieselben Strahlen sehen; und auch das erklärt die Theorie seit Descartes.

8. Dezember 1923

Landwirtschaft ist eine Tätigkeit, die der Mensch beginnt und die Natur nach einer langen Zeit vollendet unter Umständen, die der Mensch nicht voraussehen kann. Das Korn wird in die Erde gelegt; vielleicht wird die bereits reife Ernte von Regen und Sturm niedergewalzt; aber das kann der Sämann nicht wissen. So sät er denn einem Durchschnittsjahr entsprechend, das er niemals erlebt und das niemand je erlebt hat. Ihn leitet die Tradition, das heißt eine Summe von Erfahrungen, in denen die Unterschiede der Jahre sich verlieren. Seine Umsicht wird also nicht von einer klaren Wahrnehmung gelenkt. Er folgt der Regel; und erst nach einer langen Reihe von Jahren weiß er, daß er recht daran tat, ihr zu folgen.

Die Tätigkeit des Seemanns ist völlig anders. Er spannt sein Segel, er refft es, läßt es flattern oder holt es ein je nach dem Augenblick; er überwindet eine Welle nach der anderen, immer auf der Hut in einer sich bewegenden Welt, immer aufmerksam, stets bereit zum Bruch mit der Gewohnheit. Denn für die Stellung des Ruders gibt es keine Regel; stets ist es die exakte Wahrnehmung und das sofortige Urteil, die darüber entscheiden. Aber auch die Furche, die er zieht, schließt sich hinter ihm; immer ist das Meer jung, und alles muß immer wieder von vorn beginnen.

Die festen Körper bewahren Eindruck und Form. Ich hebe einen Graben aus; er bleibt. Natürlich ist das nur Schein, denn alles ist fließend; aber Erde fließt langsam, Steine nützen sich langsam ab; alles scheint von Dauer zu sein und viele Dinge unbeweglich. Die Wellen der festen Erde brauchen Millionen von Jahren, um sich zu heben und wieder abzusinken. So scheint denn in der Welt der festen Körper jedes kleine System, Graben, Wall, Hügel, Schlucht, unabhängig von dem anderen zu sein; so scheint die Natur unterteilt und nochmals unterteilt zu sein. Dieses Schauspiel belehrt nicht. Man könnte demnach ein kontinentales Denken beschreiben, das der Bewahrer der Handwerke, der Kasten und der Traditionen ist und, um es genauer zu sagen, das alle Fragen zerstückelt und alle Steine zerbricht. Die Idee der Verbundenheit, der Kontinuität, der Ausgewogenheit aller Dinge und gleichzeitig damit der Geist des Wagnisses und der Erfindung haben Wurzel geschlagen durch die kleinen Buchten und Krümmungen, die die Flüsse hinaufsteigen, wie es die Lachse tun. Wer das ungeheure und plumpe Asien mit dem Maßwerk des kleinen Europa vergleicht, lernt etliches.

Ich stelle nicht das Wichtigste in Rechnung, jene maritime Politik, die so verschieden von der festländischen ist. Ein Schiff ist ein geschlossenes politisches System; die Kräfte darin sind leicht zu übersehen, und das Exil über Bord ist von sofortiger Wirkung. Aber als Entschädigung dafür gründet sich die Macht des Geschicktesten alsbald und erhält sich durch ständige Erprobung und durch das Urteil aller. Vergessen wir nicht, daß die sofortige Ausführung, die abgestimmt und sogar rhythmisch ist, hier das Gesetz aller Tätigkeiten bildet; so zirkuliert das Tun der Macht in dem ganzen sozialen Körper; der Gehorsam ist prompt, ohne jedes Nachdenken, ohne jede Verzögerung; das Urteil orientiert sich stets an der gegenwärtigen Sache. Dennoch sehe ich darin nichts, was nach Sklaverei riecht. Die sklavische Arbeit setzt den Erdgraben voraus, der sich nur langsam füllt. Auf dem Meer hinterläßt das Tun keine Spuren, und jeder Mensch regiert an seinem Platz.

Bedenken Sie noch, daß man dem Meer nichts einschreibt; wohingegen die bewohnte Erde alsbald mit Zeichen bedeckt ist: Pfaden, Gräbern, Fußspuren, verkohlten Holzresten, Gebeinen. Der Mensch folgt dem Menschen und denkt entsprechend fremdem Tun. Ein Weg ist eine Art Gesetz, von Jahr zu Jahr verehrungswürdiger. Daher eine Weisheit, die ganz Lesen und Zurückdenken ist. Die Antike und der geschriebene Buchstabe beweisen es. Für den Seemann ist es die Ferne, die den Beweis erbringt und das Unerhörte nach dem Zeugnis des zuletzt Zurückgekehrten. Daher zwei Arten von Wunderbarem.

20. Februar 1924

»Être ou ne pas être«, Sein oder Nichtsein, das Englische sagt es noch geräuschloser. Der Mensch, der die Zähne aufeinander beißt, will nicht schreien; mehr noch, er kann nicht schreien. So findet sich durch Muskelkraft des Kiefers beherrscht, was an Tierhaftem im Schrei liegt. Die Musik dagegen befreit diesen Schrei, indem sie ihn auf andere Weise reguliert, nämlich durch die Disziplin der Harmonie; und selbst die Versammlung diszipliniert noch den Redner. Deshalb drückt die Beredsamkeit ein gemeinsames Gefühl und so etwas wie die Masse unserer Schicksale aus, stets aber in der Form des Ungeheuers mit tausend Köpfen. Beredsamkeit ist immer politischer Natur.

Die Musik ist immer kosmisch. Das Universum drückt sich ganz darin aus wie in jenen antiken Tänzen, die die Jahreszeiten und die Wiederkehr der Gestirne darstellen. Nur ist in der Musik das Gesetz der Zeit, das im Tanz mit dem Gesetz des Raumes und der Form kombiniert ist, schließlich von aller Vermischung gereinigt, woher es denn kommt, daß die unaussprechliche Anwesenheit der Welt, diese unmittelbare und unteilbare Anwesenheit, durch diese allen gemeinsame Dimension so gut zum Ausdruck kommt. Der Mensch überläßt sich der zudringlichen Musik; die tiefe Natur trägt ihn hier durch inneres Empfinden. Daher eine etwas wilde Sicherheit; es ist das Spiel des Echos und das sibyllinische Gebrüll in einem, aber beherrscht von dem physischen Gesetz, das nicht zuläßt, daß sich die Schönheit von der Kraft trennt, denn disharmonische Klänge heben sich gegenseitig auf. Man kann dann Gefallen daran finden, daß man nicht weiß, wohin man geht.

Die Prosa ähnelt jenem Vorsichtigen, der sich hinsetzt, weil er Angst hat, er könne ins Laufen kommen. Prosa lockert durch den gebrochenen Rhythmus, dieses Gesetz der Zeit und diese

Reise, die man nicht verweigern kann. Indem sie stehen bleibt, hält sie alle Dinge an und leistet sich ein Schauspiel wie der Zeus der *Ilias*. Die Dinge werden hier zunächst nur nach ihren Ideen aufgenommen; Prosa weist die aufdringliche Anwesenheit ab; immer eines nach dem anderen und immer nach der Ordnung des Geometers. Der Mensch schafft sich einen Platz; dieser Platz ist ziemlich lange leer; aber durch dieses Warten und durch die richtige Anordnung der Szene läßt sich der Augenblick bewundern, wo der Mensch in ihr sich zeigt, von allen Seiten erhellt, wie es sein muß. Er erscheint dann ganz und gar, und das ist ein schöner Augenblick, das ist der Geistesblitz. Für einen Augenblick erscheinen Voltaire und Montesquieu. Diese Kunst wird Menschen immer zum Erstaunen bringen, denn man kann es nicht glauben, und man liest noch einmal, um sich zu vergewissern, daß man es nicht glauben kann. Um so mehr ist man davon gefangen genommen.

Dichtung ist der mittlere Zustand; ohne Zweifel der reichste dadurch, daß er nichts opfert, weder die freie Wahl noch das Gesetz der Zeit, die nicht wählt. Auf den Rhythmus, der niemals nachgibt, zeichnet, umschreibt, drängt der Geist alle Dinge, nicht um die Zeit zu belasten, sondern um sie zu schmücken mit allem, was sie zuläßt, und faßt alle Dinge in eins zusammen durch das Wunder des Bildes. Verdoppelte und leicht gewordene Zeit. Selbst das Universum in seinem durchscheinenden Gesetz spiegelt das Gefühl wider, das es bereits ausdrückt. Der Geist ist mit den Elementen vermischt, wodurch die nüchterne Zeichnung der Sache eine kosmische Substanz erhält. Das Dasein erscheint. Der Anschein nimmt eine unerwartete Festigkeit an; der Anschein wird ins Sein umgeformt. Dichtung ist recht eigentlich Schöpfung durch diesen ständigen Einklang von deutlichster Wahrnehmung und innigstem Gefühl. So beschaffen ist diese vollkommene Beredsamkeit, von sich zu sich, Tochter der Einsamkeit und des Schweigens. Auf der Hut vor dem Geräusch und mit dem Finger auf den Lippen. Ja, stets dieses Wenige an Geräusch dämpfend, das für den Rhythmus nötig ist, immer die Musik aufs Gemurmel reduzierend und dadurch ihre Form wiederfindend. Was im Einklang steht mit dem muskulösen Kinn des Dichters mit den aufeinandergebissenen Zähnen. So findet sich ein wenig erhellt, was man sagt, daß es nämlich nur englische Dichtung gibt. Aber welcher Physiologe wird uns aus Gründen gleicher Art und vielleicht noch näher an der Sache erklären, daß es nur deutsche Musik, französische Prosa und römische Rhetorik gibt?

23. Februar 1924

Humanismus kann man jenen Katholizismus der Ungläubigen nennen, der bewirkt, daß man universell beurteilt, was man tut, an was man festhält, was man achtet und sogar das, was man liebt. Das ist die Anschauung des Trappisten. Aber es kommt vor, daß der Trappist, der sich verschanzt, sich nicht mehr genügend für die Angelegenheiten der Welt interessiert, um sie wirklich geringzuschätzen, wie es sein muß; das heißt nicht geringschätzen, das heißt vergessen. Ich wette vielmehr, daß er sich von den kleinen Zwischenfällen des Klosterlebens gefangennehmen läßt, sie aufbauscht und seinen Geist ohne Vorsicht von ihnen nährt, wie jeder es mit den Dingen seines Berufes tut, sobald er den Sinn für wirkliche Betrachtung verloren hat. Wichtigkeit leugnen ist eine große Aufgabe, die den Menschen ausmacht. Aber es ist auch so etwas wie ein Schlummer, wenn man mit geschlossenen Augen betrachten will. Der traditionelle Katholizismus ist negativ, da er kein Objekt hat. Das Ewige ist gestaltlos. Diese Bewegung, die verweigert, ist die richtige und die Gesundheit des Geistes; aber man muß zurückzukehren wissen; so machten es die jansenistischen Weisen nach der Art des Herzogs von Saint-Simon, der sich in der Fastenzeit zurückzog, um aber bald wieder in die Welt der Herzöge zurückzukehren, so als verachte er die Erinnerung und warne sich, sich nicht zu sehr daran zu klammern und nicht ganz darin aufzugehen. Der Mensch ist mittelmäßig, sobald er sich glaubt, sobald ihn seine eigene Wichtigkeit erfüllt, sobald er nur noch das ist, was er tut. Das gilt für alle Berufe, ob sie nun bedeutend oder unbedeutend sind. Es gibt fast keine Verwaltung, die nicht ihren Menschen tötet, und zwar dadurch, daß das, was er tut, ihm genügt; denn nur das All ist sich selbst genug. Wie der Blick sich im Weiten ausruht, so auch der Geist. Statt zu sagen, daß es keinen dummen Beruf gibt, möchte ich sagen, daß es nur dumme Berufe gibt. Selbst der Beruf des Kaisers oder des Papstes ist klein, wenn man ihn nicht als klein beurteilt. Ein armseliger Richter, wenn er nicht den Richter in sich richtet. Marc Aurel besaß diese Art von Größe; daher bewahrte er das Imperium, er hielt es zusammen, ohne selbst einen Halt zu brauchen.

Der Geist besitzt dieses Urteilsvermögen und schöpft daraus neue Kraft. Aber er ist Körper und durch die Bande der Natur an einen gewissen Platz verwiesen. Bevor man verachtet, muß man handeln und glauben, bevor man zweifelt; dann findet man eine Stütze, die einem wieder aufhilft; so erhob sich Marc Aurel nach seinen Audienzen; aber zunächst ging er seinem Beruf nach. Das zehrt die Leidenschaften aus. Der Mensch ist so beschaffen, daß sein Körper ihm zur Last fällt, wenn er keinen Beruf hat. Wenn er nicht mehr an seinem Platz ist, ist er ein Tier ohne Mäßigung, ohne jeden Frieden und hat durch die Schuld der Leidenschaften eine furchtbare Laune. »Wer den Engel spielen will . . .«, das hat Pascal gesagt. Wenn Pascal Diener einer Sache gewesen wäre, welche Durchblicke hätte er gewonnen und was für ein Schiedsrichter wäre er geworden! Aber er hat es nicht gewollt. Er hat sich der nährenden Erde verschlossen.

In der *Kartause von Parma* schenkt uns Stendhal die Idee eines erhabenen Sonetts. Der Dichter vermutet, daß Fabrice, der von jenem Turm herabsteigt und an dem Strick hängt, der ihm die Finger wund scheuert, die Ereignisse seines eigenen Lebens beurteilt. Das heißt König sein. Comte, der oft tiefgründig ist, stand den Größten nahe, als er das Gebet durch die Dichtung definierte. Wenn man dieses Wort ermißt unter Heranziehung eines etwa zweitausend Jahre alten Dichters, dann läßt es sogleich in weite Fernen blicken und schenkt den angemessenen Atem. Der Blick des Geistes dringt in die Weite und stellt alles an seinen richtigen Platz. Ich fand diese Idee, die ich dort gar nicht vermutete, wieder, als ich die Betrachtungen und Überlegungen des berühmten Lyell über die Vulkane las. Er maß das Alter dieser ungeheuren Wärmequellen, erklärte die steilen Basalthänge durch Feuer, Regen, durch die Tätigkeit des Ozeans, durch Wind und Jahreszeiten in einer Zeit, in der es den Menschen noch nicht gab. In einer solchen Landschaft ruht das Auge aus. Wie wertvoll wäre es gewesen, wenn er sich unseren Angelegenheiten zugewandt hätte! Was uns fehlt, obwohl wir auf dem richtigen Wege sind, ist der universale Mensch in der vollen Bedeutung dieses schönen Wortes. Der Berufsmensch verdirbt unsere Angelegenheiten durch ein Gewissen, das zu nahe an dem ist, was er tut, ich möchte fast sagen, daß er mit der Nase daranstößt.

5. März 1924

Der orientalische Fatalismus kann kein Denken sein. Denn wenn alles schon ist, wenn die Zukunft im voraus festliegt oder, wie man sagt, im voraus geschrieben steht, dann muß man auch sagen, daß meine Gedanken im voraus festliegen oder im voraus geschrieben stehen. So ist sogar die Idee, überhaupt zu denken, lächerlich; nun, ich sehe nicht, daß man eine Idee bilden kann, wenn man sich nicht für fähig hält abzuwarten, auszuwählen, zu verwerfen, abzulehnen. Hier liegt das Denken Descartes' und sein freier Zweifel; und das ist die Charta unseres abendländischen Denkens. Was mir in den Kopf kommt, das glaube ich zunächst nicht, und ich verweigere mich ihm; ich vereinfache, ich nehme an, ich vermute, auch auf die Gefahr hin, mich zu täuschen; daher unsere Lehrsätze, von denen jeder, der ein wenig orientalisch denkt, sagen wird, sie seien falsch; und das glaube ich wohl; ein Dreieck existiert nicht. Er aber, der Orientale, der alles zusammen denken will oder der alles aufnimmt, was sich darbietet und wie es sich darbietet, denkt überhaupt nichts mehr. Das ist nur ein Traum, in dem eins ins andere übergeht wie in einem Kaleidoskop und, genauer, wie die Reflexe auf der Brust der Taube, wo die Farbe sich der Festlegung durch Benennung entzieht. Dieses Denken ist kontinental, und man muß wohl beachten, daß es sich immer mehr ausdehnt und in gewisser Weise am Meeresstrand stirbt, wo alle Erfindungen der Welt gemacht werden.

Bei Kipling sagt jemand, daß der weiße Mann die Götter nicht sieht. Eines der Spiele der orientalischen Wundermänner besteht darin, eine Schlange in die Höhe zu werfen, die in der Luft schwebt wie ein Vogel. Ein Weißer erzählte mir, er sei Zeuge eines Wunders dieser Art gewesen; aber er sah die Schlange am Boden, wohingegen die Eingeborenen sie in der Luft zu sehen schienen. Diese Berichte würden weniger Staunen erregen, wenn man der fatalistischen Idee bis in ihre Konsequenzen folgte; denn gemäß dieser totalen Resignation gibt es keinen Unterschied zwischen Träumen und Wahrnehmen; jeglicher Anschein hat denselben Wert. Wohingegen vor dem Seefahrer Odysseus jeglicher Anschein ohne Ausnahme gar keinen Wert hat; die Vorsicht des Geistes lehnt sie alle ab und sucht nach einer Struktur des Gegenstandes, die alle Formen des Scheins erklären kann und die kein Auge sieht. Kein Auge sieht bei Sonnenfinsternis die Erde zwischen der Sonne und dem Mond; aber ich denke in diesem Augenblick, daß es der Schatten meines Planeten ist, der über den Mond wandert. Wer auf solche Weise den Anschein einmal überwunden hat, läßt sich von nichts mehr gefangennehmen und verachtet im voraus die Schatten und Reflexe und schließlich die unmittelbaren Erscheinungen. Unsere Wissenschaft ist nur eine ständig angespannte Ungläubigkeit. Sobald man dagegen alles glaubt, bringt eine Träne im Auge oder der Schatten einer Wimper für einen Augenblick einen Gott hervor.

Demnach ist das orientalische Gefühl gleichsam eine totale Verehrung oder eine Liebe ohne jeden Unterschied, die in Gleichgültigkeit übergeht. Denn das Gefühl erstirbt durch die Überfülle seiner selbst; das Gefühl erstirbt im selben Augenblick wie die Idee; und so muß es denn sein, daß die unbestimmte Treue zur unbestimmten Untreue wird; denn alles ist gleich gut, und alles ist gleich wahr. Dieser Quietismus dringt zuweilen in unsere Romane ein und vermischt sich zu unterschiedlichen Graden mit der abendländischen Kühnheit, woraus eine erstaunliche Vielfalt hervorgeht. Denn manchmal hüllt der kosmische Traum alle Begierden ein, und der einzelne ist nur ein kleiner Wirbel in einem großen Strom; manchmal auch tanzt die Begierde einen kleinen Augenblick für sich allein, weil das eine so viel wert ist wie das andere; dann erhellt die Ironie die Szene durch den Kontrast der kindischen Pläne mit dem ungeheuren Schicksal. Aber was die ritterliche Liebe angeht, die durch Schwur und Bewährung und schließlich durch eine Absage an den universellen Wandel triumphiert, so sehe ich sie nicht in diesen Büchern auftreten, die sich Romane nennen möchten. Der Orient säumt unsere Ufer, und unsere Venus hat sich in die Wellen des Meeres zurückgezogen, aus dem sie geboren ist.

22. März 1924

Pascal durchdringt überall die Oberfläche, und zwar so weit, daß er die Geister ohne Nächstenliebe schwächliche Geister nennt. Er hat vorzüglich gesprochen über Fürsten, die sich auf ihre Macht etwas zugute halten, und von der Art Wertschätzung, die man ihnen schuldet; das ist sehr wenig; es läuft letzten Endes darauf hinaus, einen Schild zu wählen im Hinblick auf die Lanze. Aber man kann sich immer auch einen stärkeren Schild oder eine stärkere Lanze vorstellen und alsbald finden; und das ist ohne Ende, und diese Unendlichkeit ist eher langweilig als sonst etwas. Man kann das Maß immer überschreiten, welches Maß es auch sei. Ein Wind nimmt zu, ein Regen fällt dichter, ein Vulkan wird heftiger, aber das erdrückt keineswegs den Geist. »Es bedarf nur«, sagte Epiktet, »eines Kruges Wasser, damit du ertrinkst.« Das Universum der Kräfte hat nichts als Kraft. Ich kehre zum denkenden Schilfrohr zurück.

Archimedes, dieser Fürst des Geistes, steht durch seine Erfindungen über dem Universum der Kräfte. Wenn er zweimal die bekannte Krone wiegt, einmal in der Luft und einmal im Wasser, ist er auf eine andere Weise groß als das Mammut oder die Entfernung der Sterne. Nicht dadurch, daß er ein neues Mittel findet, vom Goldschmied nicht mehr getäuscht zu werden, sondern durch die Erfindung selbst, durch die Kenntnis dieses Wassers, das von der Krone verdrängt und angestiegen ist, deren Volumen sich wiederfindet. Jeder Schiffbruch ist dadurch gemeistert. Das ist ein Adelstitel, den die Söhne des Archimedes nicht haben verlorengehen lassen; sie haben noch ganz andere Dinge gewogen. Die einfachste Mathematikaufgabe demütigt den Sohn des Königs und verherrlicht den Sohn des Schäfers je nach dem Wissen und der Aufmerksamkeit der beiden; und wenn sie beide die Aufgabe lösen, dann sind sie dadurch gleich. Armeen und Siege können daran nichts ändern. Einen solchen Sieg ehren wir immer.

Aber auch das ist noch Sieg, ist noch Gewalt, noch Ungleichheit. Es ist ein gewonnenes Gefecht, einen Lehrsatz mehr gelernt zu haben. Ich kenne Leute, die andere verachten wegen eines Lehrsatzes mehr, den sie kennen. Sie schleudern auf diese Weise eine Art Schrecken in die Geister durch drei Zeilen, die sie gelesen haben; doch gleich findet sich ein anderer, der noch drei Zeilen mehr gelesen hat, und das ist ohne Ende. Noch einmal falsche Unendlichkeit. Ist ein Geist, der alles wüßte, nach dem Maß, das Geistern eigen ist, größer als der, der nur eines weiß? Das ist ungewiß. Aber vielmehr ist es nicht ungewiß. Sokrates war keineswegs ein kleiner Geist, obwohl er vieles nicht wußte, was wir heute wissen. Es liegt mehr Geist darin, sich nach der Art Descartes' zu irren, als Descartes zu korrigieren, was ein mittelmäßiger Abiturient tun kann. Und diese Größe des Geistes ersieht man noch besser aus dem Irrtum, wenn der Irrtum dem Geist entspringt und nicht den Leidenschaften. Ein Geist ist groß, weil er sich beherrscht, nicht weil er sich ausdehnt.

Wir kommen zum Willen, wie die Stoiker ihn erkannt hatten und wie Descartes ihn klargelegt hat. Wir kommen zu der erstaunlichen Kühnheit des Denkens, die in der geringsten Aufmerksamkeit ganz da ist, sobald sie hochherzig ist, die sich aber nicht in dem geizigen Ideenkrämer findet. Ich mag Descartes, wenn er ankündigt, daß von den Voraussetzungen, die er angenommen hat, viele zweifelhaft und einige falsch seien, was ihn dennoch in seiner Physik nicht Halt machen läßt. Und es ist derselbe Mensch, der Hochherzigkeit Kühnheit des Denkens genannt hat. Dieses Wort gibt uns einen Wink. Wir sind nicht so weit von der Nächstenliebe entfernt. In der Tat ist die Ordnung des Willens bei Descartes jene dritte Ordnung, die Nächstenliebe, über die Pascal so gut geschrieben hat; sie schließt die ganze Gemeinschaft der Geister ein und auch die ganze Liebe, die sie zusammenhält. Denn in sich das Vermögen erkennen, Ideen zu bilden, heißt, es in gleicher Weise auch in Archimedes erkennen, obgleich er weniger wußte, und das heißt, es in allen gleichermaßen annehmen, für wie unwissend und wirr man sie auch halten mag. Diese Idee bewirkt Gleichheit. Der Mensch ist ein Gott für den Menschen. Wogegen alle Beweise Sturm laufen, die aus Irrtümern und Leidenschaften genommen sind. Viele geben nach, indem sie fordern, diese Gleichheit solle sich zeigen; wobei sie vergessen, daß man sie setzen und durchhalten muß. Dadurch denken sie, sich zu erheben, aber in Wahrheit sinken sie ab; denn diese Geisteskraft, die den Geist in jedem Menschen sucht und will, ist genau dasselbe, was die Schwierigkeit überwindet, etwas zu begreifen, bevor man alles weiß. So entthront Pascal den Gott Macht, den Gott Wissen und schließlich jede lärmende Ungleichheit. Ohne es ganz zu wissen. Sein gedemütigter Gott ist immer noch Gestalt. Pascal hat die Prophezeiungen erfüllt; aber er selbst ist immer noch Bannerträger und Prophet. Neues Testament, möchte ich sagen.

20. Juli 1924

Lehrzeit ist das Gegenteil von Schulzeit. Das kommt daher, daß die Arbeit des Erwachsenen die Erfindung fürchtet. Erfinden täuscht sich, verdirbt das Material, zerbricht das Werkzeug. Der Lehrling untersteht diesem strengen Gesetz; was er vor allem lernt, ist, daß er nie einen Versuch anstellen darf über das hinaus, was er weiß; besser ist es, wenn er dahinter zurückbleibt. Es gibt im Lehrling eine Zaghaftigkeit, die im Arbeiter zur Vorsicht wird und die sich auf den Gesichtern abzeichnet: »Ich weiß nicht, das gehört nicht zu meinem Fach«, so lautet die abschlägige Antwort. Der Suchende ist noch bescheidener, wenn er sagt: »Wollen mal sehen.« Dennoch ahnt man, daß der frei Prüfende sich sehr wenig um das kümmert, was Versuche kosten könnten. Und eben dadurch ruinieren sich oft die Erfinder, deren Symbol der berühmte Palissy ist. Und man versteht, daß solch unternehmendes Denken in der Werkstatt nicht gut ankommt, denn es bedroht zugleich das Brett und den Beitel, ganz abgesehen von der verlorenen Zeit. Das heißt so viel, wie daß der Lehrling vor allem lernt, nicht zu denken.

Hier zeigt sich die Technik, die ein Denken ohne Worte ist, ein Denken mit den Händen und mit dem Werkzeug. Man möchte fast sagen, daß es ein Denken ist, das das Denken fürchtet. Diese Vorsicht in der Geste des Arbeiters zu sehen, ist etwas Schönes; aber sie schließt auch eine fürchterliche Verheißung von Sklaverei ein. Ich stelle mir das rätselhafte Ägypten der alten Zeit als ein Volk von Technikern vor. Und dieses Denken, das weiß und nicht verstehen will, ist fast undurchdringlich. Einige ziemlich sichtbare Ursachen führen uns zwar bis an die Schwelle, aber nicht weiter. Bedenken Sie, daß es das Werkzeug ist, das die Hand führt, und Sie haben damit bereits eine Vorstellung von wirklicher, ich möchte sogar sagen solider Tradition. Überall da, wo das Werkzeug herrscht, bildet sich eine Regel in Form eines Objekts und ein Geist der Unterwerfung, ja sogar der Furcht, denn das Werkzeug verletzt den Ungeschickten. Aber der Chef ist noch mehr zu fürchten, weil er die unbeugsame Notwendigkeit vertritt. Der Chef hat nicht die Muße, einen einfallsreichen Versuch zu bewundern, der das kostbare Material zu Bruch gehen läßt. Der kindliche Geist, der sich täuscht, etwas zerbricht oder verliert, ist hier der Feind. Darum macht ein Junge, der seinen Lebensunterhalt verdient, eine schlimme Erfahrung. Da er zu früh vorsichtig wird, verlernt er es, etwas zu wagen. Stellen Sie sich einen kleinen Schreiber vor, der einen Additionsfehler auf gestempeltem Papier macht; das ist der Fehler eines Lehrlings und nicht eines Schülers. Auch ähnelt der Zorn des Prokuristen in keiner Weise dem des Lehrers. Der Lehrer will, daß man sucht und findet; er appelliert an die Intelligenz; er denkt nicht an das verdorbene Papier; er möchte vielmehr den kleinen Dummkopf mit seiner eigenen Dummheit konfrontieren, damit er selbst über sie lacht. Diese Rückkehr des Bewußtseins stärkt. Wohingegen der andere, der Techniker, der Erprobung überhaupt die Schuld gibt und sich über den lustig macht, der auf sich selbst vertraut. Durch diese Disziplin gibt der Geist vor dem Werkzeug auf. Beachten Sie diese Gewißheit, die auf den ägyptischen Gesichtern geschrieben steht. Ich sehe darin eine gewisse Ähnlichkeit mit diesen Sperberköpfen, die sie auch meißelten und die die Selbstgenügsamkeit der Form ausdrükken. Das Wort gleitet über solche Oberflächen hin, die wie Panzer sind.

Es gibt zwei Arten, seiner selbst sicher zu sein; die erste, die aus der Schule stammt, besteht darin, auf sich selbst zu vertrauen; die andere, die aus der Werkstatt stammt, besteht darin, sich selbst niemals zu vertrauen. Das sieht man bei einer Addition; denn der Verstand irrt hier zwar, schöpft aber Kraft aus dem korrigierten Irrtum; wohingegen die technische Art des Zählens schnell und blind ist. Der Buchhalter weiß nichts vom Wesen der Zahlen. Dagegen kann man sich einen sehr gelehrten Mathematiker vorstellen, der bei einem simplen Rechenvorgang einen lächerlichen Fehler macht. Thales bleibt stehen und denkt nach; aber immer wieder wird die Peitsche geschwungen. Das ist die Tugend der Lehrzeit; und sie ist gut bei passender Gelegenheit. Der Mensch, der nie Lehrling gewesen ist, ist ein großes Kind. Aber auch das Kind, das zu früh Lehrling geworden und zu kurze Zeit Schüler gewesen ist, bleibt sein ganzes Leben hindurch Maschine und verachtet den Amateur Thales.

Im Denken liegt etwas vom Spiel. Wenn man nun aber möchte, daß Schule nur Spiel ist, würde man sich noch einmal täuschen. Die Schule geht in zwei Richtungen, zum Spiel und zur Lehrzeit, aber die Schule steht zwischen beiden. Durch den Ernst hat sie teil an der Arbeit; aber andererseits entzieht sie sich dem strengen Gesetz der Arbeit; irrt man sich hier, beginnt man wieder von vorn; fehlerhafte Additionen ruinieren hier niemanden. Und es ist gar nichts Geringes, wenn der Dummkopf über einen schweren Fehler lacht, den er gemacht hat. Durch dieses Lachen urteilt er über sich selbst. Bedenken Sie, daß wir nur über einen erkannten Irrtum nachdenken. Aber man denkt auch nur in der Schule nach, weil uns dort niemand korrigiert als wir selbst. Man läßt uns drauflosmarschieren, suchen und uns verheddern. »Du Pechvogel, was hast du da gemacht?« ist ein Satz aus der Werkstatt. »Zeigen Sie mir, was Sie gemacht haben«, ist ein Satz aus der Schule. Und wenn der Schüler, der mit sich selbst zufrieden ist, den Fehler entdeckt, führt das zu einer Beschämung ohne Furcht, das heißt, der die Meinung der anderen nichts anhaben kann. Diese andere Vorsicht ist das Denken.

5. Februar 1925

Wenn man sagen möchte, es gebe Willen in der Liebe, dann widersprechen alle nach der alten Annahme einer Schicksalhaftigkeit der Leidenschaften. Worin etwas Wahres liegt; denn man wählt nicht, zu lieben oder nicht zu lieben, noch diesen oder diese zu lieben. Aber man muß auch sagen, daß die Idee eines Willens, der auswählt, eine schulmeisterliche Idee ist. Man wählt nicht, geboren zu werden und offensichtlich auch nicht seine Eltern. Daher liegt das richtige Wollen darin, von dort auszugehen und zu entfalten, was sich ergibt. So hängt es in der Liebe von jedem ab, sie zu einem guten Ende zu führen, ganz wie man ein geliebtes Kind aufzieht. Denn man wählt auch seine Kinder nicht; aber das ist kein Grund, sie hinzunehmen, wie man Regen und Hagel hinnimmt.

Auf den ersten Blick gefällt die schicksalhafte Liebe. Aber die Entwicklung dieser Krankheit nach der Idee, daß man nichts dazu kann, zeigt eher Beleidigung als Geschenk. Stellen Sie sich diese Rede eines hypochondrischen Liebenden vor: »Ich muß wohl sagen, daß ich Sie liebe, und ich kann gar nicht anders. Ich habe vergeblich nach Symptomen gesucht, die die Heilung ankündigen, aber ich finde keine. Das also ist die Huldigung, die ich Ihnen darbringe. Ich bin an Sie gebunden durch eine Notwendigkeit der Natur; ich möchte mich befreien, aber ich kann es nicht. Ich verspreche Ihnen nichts, es sei denn, daß ich mit Freuden fliehe, sobald ich kann.« Diese Rede ist in Wirklichkeit eine Beleidigung; sie schließt ebenso viel Haß wie Liebe ein. Und wirklich findet man die Wirkung dieser Mischung in den Leidenschaften. Aber das ist nicht Gefühl. Wir finden hier nichts als zwei Feinde, die einander belauern. Und da das Alter sie Tag für Tag ein wenig mehr dieser magischen Macht beraubt, sieht man dieses grausame Spiel ablaufen, in dem jeder jeden Tag ein wenig an dem Strick zieht, den er hält, und an dem

Strick, der ihn hält. Es kommt dann nur noch darauf an, wer zuerst davonläuft.

Als Julia zum ersten Male Romeo sieht, findet sie das erhabene Wort: »Amme«, sagt sie, »wenn ich den nicht heirate, sterbe ich als Jungfrau.« Gewiß hat sie keine Wahl, zu lieben; sondern eher nimmt sie diese unvertraute Liebe auf; sie macht sie zu der ihren. Sie beginnt mit einem Schwur, was sie zum höchsten Gefühl führt. Man wird sagen, das heiße wollen, was man nicht verhindern kann. Die Stoiker vertraten denselben Standpunkt, wenn sie sagten: »Das Schicksal schleift dich mit, wenn du dich widersetzt, aber wenn du einwilligst, führt es dich.« So kann ein Mensch zur Hinrichtung gehen, statt sich dahin schleppen zu lassen. Aber dieses Beispiel ist zu gewaltsam; es löscht jedes wirkliche Denken aus. Ob der Mensch es nun gut oder schlecht nimmt, es bedeutet immer sterben. Wenn es sich dagegen um das Leben handelt, dann liegt ein großer Unterschied zwischen Annehmen und Hinnehmen; das Tun selbst wird dadurch verändert. Ich habe zunächst nicht recht begriffen, in welchem Sinne das Schicksal uns führt; und zwar bietet es uns in jedem Augenblick Wege, von denen der niedergeschlagene und traurige Mensch sich abwendet. Die Hoffnung hat mehr als eine Tür geöffnet.

In der Tat liegt ein Unterschied zwischen dem Handwerk, das man gern und sogar mit ganzem Herzen annimmt, und demselben Handwerk, das man bloß hinnimmt. Es liegt darin der ganze Unterschied zwischen einem guten Buchhalter und einem mittelmäßigen oder einem guten Schreiner und einem mittelmäßigen. Fast in allen Dingen reiben sich die Menschen auf, wenn sie diesen schwächlichen Gedanken denken: »Ich habe schlecht gewählt; das läßt sich nicht wiedergutmachen, um so schlimmer für mich.« Die richtige Idee wäre hier vielmehr, daß jede Wahl schlecht ist, wenn man sich gehen läßt, daß aber eine jede gut werden kann durch den guten Willen. Keiner wählt sein Handwerk aus guten Gründen, denn man muß ein Handwerk wählen, bevor man es kennt. Keiner wählt seine Zuneigungen. Aber es ist die Treue, die die Wahl rettet, hier wie da. Man muß wählen, treu zu sein; man muß wählen, aus der Wahl etwas Gutes zu machen. Es gibt vielleicht Romanciers, die während der Arbeit feststellen, daß das Thema, das sie gewählt haben, nicht schön ist. Und gewiß ist es leicht, sich selbst zu beweisen, daß man ein Thema schlecht gewählt hat; aber das führt zu nichts. In diesem Fall schreibt man nicht. Denn es gibt keine schönen Themen; man muß sie durch Treue schön machen. Es gibt vielleicht keinen einzigen Gedanken, der keine Enttäuschung ist, wenn man wartet, daß er sich entwickelt, und wenn man zuschaut, wie er tanzt. Es gibt keinen einzigen Gedanken, der uns nicht für unsere Mühe belohnte, wenn wir ihm hochherzig nachgehen. So gibt es auch zweifellos keine einzige Liebe, die nicht groß und schön werden könnte, wenn man nur den festen Vorsatz hat. Und die schönste Liebe läuft nicht weit, wenn man nur zuschaut, wie sie läuft. Man muß sie vielmehr im Arm wiegen wie ein geliebtes Kind.

5. Februar 1926

Ich stelle mir einen Jäger vor, der des Morgens auszieht, Zeichen bemerkt, die er für ungünstig hält und alsbald an seinen Kamin zurückkehrt. Ein bestimmter Wind, ein zu feuchtes Gelände, mehr bedarf es nicht. Oft entscheidet das Verhalten der Hunde über alles; wie sie auf die Suche gehen, wie sie sich wälzen, wie sie sich schütteln, ist zuweilen ein ausreichendes Zeichen für einen ländlichen Jäger, der sich die Stunde aussuchen kann und dem es an anderen Arbeiten nicht mangelt. Der Flug und der Schrei der Vögel wie Krähen und Häher künden an, daß der Frieden des Waldes bereits durch jemanden gestört worden ist. Das Fallen der Blätter genügt, um alles Wild in Alarm zu versetzen. Auch die Fischer kennen diese Zeichen, die oft unerklärlich sind. Die Färbung und der Widerschein des Wassers zeigen oft gute und schlechte Stellen an. Wer jemals Krebsen aufgelauert hat, weiß, daß es günstige Stunden gibt. Der geschickte Mensch begreift manchmal aus Ursachen, manchmal nicht. Und weil alle Umstände zusammenlaufen, bemüht er sich natürlich, sie insgesamt wahrzunehmen, besser noch, sie nach ihrer Mischung zu kosten, zu wittern. Das heißt, sich der Vorahnung anvertrauen, und diese Methode ist ganz natürlich.

Sie krankt allerdings daran, daß der Mensch, der das Ereignis voraussagt, selber Teil des Ereignisses wird, was bewirkt, daß die Voraussage Ursache wird. Man muß so weit gehen, daß man sagt, eine Voraussage verwirkliche sich manchmal allein deswegen, weil man daran glaubt. Wer wollte zum Beispiel einen Jäger, der, weil er einen Raben zur Linken sieht und sich sagt: »Heute werde ich nichts schießen«, und sogleich nach Hause geht, eines Besseren belehren, wenn er sich irrt. Aber diese Erfahrung ist nicht allein negativ. Jedesmal wenn er unzufrieden und mutlos heimkehrt angesichts desselben Zeichens, kennzeichnet er sich selber, schreibt er in sein Gedächtnis Zeichen und Trauer zusammen ein; so wird er von Jahr zu Jahr leichtgläubiger, was bis zum Fanatismus führt, will sagen, daß er den Versuch eines anderen, der sich über das Zeichen hinwegsetzt, als eine Beleidigung betrachtet; und tatsächlich wird er, wenn der andere Erfolg hat, lächerlich sein. Es ist eine natürliche Regung, durch Bedrohung und selbst durch Gewalt jedes Experiment zu verhindern, das sich gegen das richtet, was man für wahr hält. Man wagt die Macht einer falschen Idee kaum zu ermessen.

Aber folgen wir dem, der es trotz der ungünstigen Zeichen versucht, und der es weiß. Ich bin sicher, daß ihm der Versuch mißrät. Sei es, daß er zögert, sei es, daß er das Zögern durch den Zorn überwindet, nie wird er über die Geschmeidigkeit des Glücks verfügen, die bewirkt, daß man gut läuft, sich unbemerkt anschleicht, gut zielt. Noch das geringste Mißlingen wird ein Zeichen davon sein. Man stelle sich nun einen Vorgesetzten vor, der einer Voraussage zuwiderhandelt, an die er nicht glauben will, an die aber diejenigen bereits ein wenig glauben, auf die er zählt. Welcher Vorgesetzte wird das wagen? Welcher Vorgesetzte wird, wenn er es wagt, er selbst sein und ganz über sich verfügen? Wie oft geschieht es wohl in menschlichen Angelegenheiten, daß der Unglücksprophet unrecht hat?

An diesem Punkte angelangt und gemahnt, aus anderen Gründen zu glauben, was er sich fest vorgenommen hat, nicht zu glauben, begreift der freie Mensch einige Bedingungen des richtigen Denkens und erschrickt zuweilen darüber. Denn man dürfte ja dann denen nicht beipflichten, die das Wahre suchen, und zwar redlich, wenn es mit anderen Mitteln als durch Kalkül oder vorsichtiges Experiment gesucht wird. Denn auch ohne die Orakel einzubeziehen, gibt es tausend Arten, die von Erfahrung gestützt werden, etwas durch Rausch oder Schlaftrunkenheit zu wissen. Was diese Wundermänner erstaunt, ist die entschlossene Gleichgültigkeit des Weisen angesichts solcher Entdeckungen, die einer Art Torheit verdankt werden. Denn gerade weil man redlich sucht, müßte man die vertrauensvolle Jugend davon abhalten, auf das zu hören, was sie sagen, ja nicht einmal Zeuge dessen sein zu wollen, was sie beweisen. Denn wenn sie es auch manchmal oder gar oft zufällig treffen, so muß man darüber nicht erstaunen; man muß es sogar voraussehen und eben deshalb nicht beachten; was das Blut dieser Fanatiker zum Kochen bringen wird. Aus diesen und aus anderen Gründen, die ganze Bände füllen würden, gestehe ich, daß ich meinen Blick weder auf einen Silberlöffel noch auf einen Tintenklecks heften würde, selbst wenn man mir verspräche, mir hierdurch große und bedeutende Wahrheiten zu eröffnen. Auch würde ich mich nicht drehen wie die Derwische, selbst wenn ich dadurch in ein großes Geheimnis eindringen könnte! Mit anderen Worten, ich glaube, daß die Vernunft den Vorrang vor der Wahrheit hat.

15. Oktober 1926

Man hat dieser Tage Spinoza gefeiert; ich habe mich in Gedanken diesen frommen Reden angeschlossen; vielleicht hat es nie einen so entschiedenen Republikaner gegeben wie diesen tiefen Denker; es ist schön und selten zu sehen, daß eine große Seele jede Macht ablehnt und sich an die Gerechtigkeit hält. Über das System und über diese undurchdringliche Durchsichtigkeit wäre viel zu sagen, und das wäre zu schwerwiegend für diese fliegenden Blätter.

Dennoch möchte ich sagen, daß die Großneffen Descartes' ihrem Klima immer noch diese unausdrückbare und furchterregende Einheit fernhalten, die Geist und Körper in eins faßt, beide von nun an ununterscheidbar. Ich glaube zu wissen, was das Gesetz der Existenz ist und daß es keine Rücksicht nimmt in diesem ungeheuren Spiel der Stöße, Reibungen und der absolut äußeren Notwendigkeit, dessen Bild der Ozean ist, der Ozean, der nichts will und der nichts ist als beweglicher Staub des Seins, als Gleiten und Rückkehr und Schaukeln. Daß darin keine Absicht liegt und keinerlei Geist, das möchte ich, und daran halte ich fest. Diese Gleichgültigkeit ist es, die das Schiff trägt, und die Idee dieser Gleichgültigkeit trägt, den Schiffer. Jetzt zu sagen, daß das auch noch göttlich sei, also Wert habe, ist zu viel. Die cartesische Idee der Ausdehnung findet sich dadurch verneint; wir vermischen wieder die Sache mit dem Geist. Diese Sache, die weiß, wohin sie geht, und die dennoch nach der Art einer Maschine dahingeht, das bringt die Zukunft ganz und gar ein und auch das mohammedanische Schicksal. Wohingegen jeder Geist, so vollkommen er auch sei, auch noch so etwas wie eine Maschine ist, eine Summe von Ideen, die streng aufeinander abgestimmt sind. Alles ist getan, und alles ist gedacht. Die heroische Philosophie Descartes' setzte sich aufs hohe Roß, sie schnitt dieses Universum in zwei oder gar drei Teile: Maschine, Verstand, Wille, und achtete

zunächst darauf, die Lage des Menschen korrekt zu beschreiben, und überließ es Gott, sein System zu vollenden, was eine Art Frömmigkeit ist, und zwar keine geringe.
Balzac, der wahrscheinlich das erstaunliche Wort eines Reisenden wiedergibt, hat von der Wüste gesagt, sie sei Gott ohne den Menschen. Das kann uns helfen, die jüdische und auch die mohammedanische Religion zu begreifen und letztlich diese ganze orientalische Einheit, die vielleicht das Opium des Geistes ist. Im Angesicht einer ungeheuren Erde aus Sand und Felsen und unter der ungeheuren Himmelskuppel findet sich der Mensch erdrückt und resigniert. Tätig allein durch den Zorn, der auch so etwas wie ein Sandsturm ist. Daher aus Überlegung dieser Kult sich niederzuwerfen und durch eine noch weiter vorangetriebene Überlegung diese Liebe zur unendlichen Macht als solcher.
Die Griechen atmeten besser im Angesicht der Notwendigkeit des Meeres, die blind, aber fügsam war. Daher auch dieser politische Olymp, in dem die Götter streiten, was ein wenig Spielraum läßt für vernünftiges Tun. Und ich mag sehr dieses vieldeutige Spiel der Orakel, die man umfuhr wie ein Riff, das von ferne sichtbar ist. Von da aus wurde der Mensch auf sich zurückgeführt, und von daher nahm Sokrates schließlich den Mut zu denken. Erkannte Unwissenheit, erkannte Macht, bemessenes Risiko. So landet Odysseus an der Insel der Phäaken. Ein Augenblick nach dem anderen, und niemals in die Zukunft schauen, ohne etwas zu tun, das ist eine kurze, aber kraftvolle Weisheit. Epiktet sagte schroff: »Fürchte dich nicht vor diesem großen Meer, es bedarf nur zweier Krüge Wasser, auf daß du ertrinkst.« Indem ich dieser Idee folge, möchte ich sagen, daß der Schwimmer immer nur zwei Krüge Wasser zu überwinden hat. So groß das Universum auch sein mag, es bedrängt mich nur auf meiner kleinen Oberfläche. Ich teile es, und dadurch verfüge ich über es. Je fester man sich an diese Idee hält, die dem Menschen angemessen ist, desto gründlicher verschieden erscheinen die Wirbel Descartes' von diesem ungeheuren Ge-

danken Spinozas, der die Wellen und alles übrige zusammendenkt wie einen großen Kristall mit geometrischen Flächen, worin sich der Philosoph eingeschlossen findet und plattgedrückt wie eine Pflanze im Herbarium. Das heißt gemäß Gott denken. Aber zunächst muß man gemäß dem Menschen denken.

25. Februar 1927

Descartes ist der erste, der sagen konnte, die Leidenschaft der Liebe sei gut für die Gesundheit, die Leidenschaft des Hasses dagegen eine Art Krankheit. Der *Traktat über die Leidenschaften* ist eine nützliche Lektüre, aber ein wenig schwierig wegen der anatomischen und physiologischen Details, die einige Vorbereitung verlangen. Hier zunächst einmal in groben Zügen die erstaunliche und neue Idee, die Descartes in seinen Untersuchungen lenkt. Da wir Kinder gewesen sind, bevor wir Erwachsene wurden, bewahren wir die Spur dessen, was wir zuerst geliebt und was wir zuerst gehaßt haben. Was also kann das kleine Wesen, das noch ohne Kenntnisse ist, lieben, wenn nicht die gute Nahrung? Und was kann es anderes hassen als die schlechte? Statt durch Gebärde oder Sprache herbeizurufen, was es liebt, statt zurückzustoßen, was es haßt, beginnt es auf einer niedereren Ebene gleichsam durch innere Gebärden die günstigen Säfte aufzunehmen mit Wohlbehagen und einem Vertrauen in die Lebensregungen, die Ernährung und Wachstum fördern. Und umgekehrt verschließt es sich in gewisser Weise den schädlichen Dingen wie etwa schlechter Nahrung oder verpesteter Luft und zieht sich sogar durch einen heftigen Ekel zusammen, wodurch das Leben sich verlangsamt und fast zum Stillstand kommt.

Allmählich und in dem Maße, wie es Dinge und Wesen erkennen lernt, gelangt es dazu, Objekte zu hassen oder zu lieben, die keine unmittelbare Beziehung zu den vitalen Funktionen haben, aber die Angewohnheit ist erworben, zu begehren oder zurückzustoßen. Die physiologischen Bewegungen, die so beständig an erste Liebe und ersten Haß gebunden waren, bleiben durch die Macht der Gewohnheit weiterhin mit allem verbunden, was sie lieben oder hassen, und sei es auf der Ebene der Politik, der Moral oder der Religion. Übrigens sind die so ausdrucksvollen Worte wie Widerwille, Ekel, Abscheu nicht weniger natürlich als die Grimasse mit Nase und Mund, um den sektiererischen Geist und das Urteil des Häretikers zum Ausdruck zu bringen.

Gewiß heißt Lieben für einen Menschen etwas anderes, als besser atmen, besser verdauen, sich etwas besser zu eigen machen; aber es ist zunächst all das. Und Hassen, selbst wenn es ein Hassen des Ungerechten oder des Bösen wäre, ist zunächst und zutiefst immer, sich des Lebens enthalten. Denken Sie einmal über diese Idee nach; es lohnt sich. Alle Zeichen bestätigen sie und alle Gesten und diese tausend Verknüpfungen des Hasses und des Zornes, die man so lebhaft empfindet und die die Gereiztheit noch verdoppeln. Denn so ist die Verführung dieser traurigen Leidenschaften beschaffen, daß wir dem Feind auch diese Traurigkeit noch zur Last legen. An denjenigen, an den wir bloß zu denken brauchen, um buchstäblich krank zu sein, denken wir ohne Wohlwollen. Es ist ganz so, als ob er uns durch den bloßen Gedanken an ihn zerstörte. Daher kann man in einem Gesicht einen alten Groll ablesen, wie man in ihm eine Lebererkrankung erkennen kann. Und umgekehrt empfindet man in den geringsten Regungen der Liebe bis hinein in den Tonfall, was auch immer der Gegenstand sei, und selbst wenn es um die Liebe zu Gott geht, sogleich so etwas wie ein gelöstes und befreites Leben, einen Jubel, ein Wohlbefinden und eine Anmut.

Wenn man davon ausgeht, wird man dahin geführt, daß man sich unter allen Umständen willentlich auf Liebe einstellt statt auf Haß. Aber wie soll man das tun? Die Maxime Descartes' lautet hier, daß dieselben Handlungen, zu denen wir oft durch den Haß geführt werden, auch der Liebe entspringen können, was, abstrakt gesagt, darauf hinausläuft, daß es besser ist, aus Liebe zum Guten zu handeln als aus Haß gegen das entgegengesetzte Böse; aber diese Maxime ist nicht immer leicht auf Einzelfälle anzuwenden. Hier ein ganz einfacher Fall. Man erzieht ein Kind besser, wenn man über das nachdenkt, was es Gutes zeigt, als nur auf Schwäche, Leichtfertigkeit, Nachläs-

sigkeit, also die Mängel zu achten, die es zeigt. Weiteres Beispiel; wenn Sie Geigenunterricht erhalten, achten Sie nur auf die richtigen und fast richtigen Töne; vergessen Sie die falschen. Bedenken Sie, diese Regel ist keine andere als die der Nächstenliebe. Aber man braucht Jahre, um sie in ihrem ungeheuren Ausmaß zu entdecken.
Eine einfachere Regel, die näher liegt und viel wirksamer ist, als man glaubt, besteht darin, Gesten des Wohlwollens zu formen, die alle Gesten, die einen Ansatz von Wut ausdrücken, lockern, indem man mit den Händen und dem Gesicht beginnt, zum Beispiel geballte Fäuste, aufeinandergebissene Zähne, gerunzelte Stirn. Das ist nur Höflichkeit; aber diese Höflichkeit ist von Bedeutung und von großer Rückwirkung auf das Innere, das stets die Regungen der Liebe oder des Hasses begleitet. Denn durch die Einheit des menschlichen Körpers und die ständige Kommunikation der Teile untereinander ist es unmöglich, daß das Äußere verändert wird, ohne daß dies mit dem Inneren auch geschieht. So daß es eine Medizin für die Leber und den Magen gibt durch jede Geste guten Aufnehmens. Man mache sich eine Vorstellung von dem, was wirkliche Nächstenliebe vermöchte, sogar noch als Mittel, alt zu werden. Diese Bemerkung ist von derselben Art wie die, die man im Zorn gegenüber einem Kind macht: »Oh! Wie häßlich ist das!« Behalten Sie diese Maxime für sich: Die Geste regiert die Laune. Es ist also weise, jede Gelegenheit zur Höflichkeit zu suchen.

März 1927

Jeder kennt solche Zungenbrecher, die fast unmöglich auszusprechen und unangenehm zu hören sind, wie »Fischers Fritz fischt frische Fische«; man lacht darüber; man würde seine Zeit nicht vergeuden, wenn man ein wenig darüber nachdächte; denn durch das Spiel der Gegensätze bildet man Reihen, die angenehm auszusprechen und zu hören sind; und dieses Vergnügen ist gewiß ein Teil der Dichtung; wenn der Gedanke sich ihnen anpaßt, nehmen wir ihn auf der Stelle an. Diese Übereinstimmung der Worte mit unserem Gefüge macht uns geneigt, reicher zu leben. Es ist ein Zauber, wie man so schön sagt, der uns im Innersten ergreift und berührt, und das ist nicht metaphorisch gesagt. Vielleicht gibt es keine stärker wirkende Medizin als schöne Verse: durch dieses freie Spiel, dieses Gleiten, dieses Glätten unserer innersten Falten. Ein Kranker ist wie verknotet und verhärtet. Das Erhabene dagegen löst sanfte Tränen aus; ein erstaunliches Zeichen.
Indem ich dieser Idee folge, bemerke ich, daß man eine Sprache auf zweierlei Weise harmonisch nennen kann. Sie kann harmonisch sein für das Ohr oder harmonisch für die Kehle; ich meine damit den ganzen Körper; denn die Sprechorgane betreffen unmittelbar die Atemorgane und das Herz, das heißt die Haltung und alles. Die Harmonie für das Ohr hat etwas Schauspielerisches; sie setzt voraus, daß der Dichter sich selbst zuhört und vor allem daran denkt, anderen zu gefallen. Hier findet sich die äußere Regel und zweifellos das Geheimnis so vieler platter Verse. Es ist klar, daß der echte Dichter zuerst mit sich selbst spricht, und zwar gemäß einer bestimmten Verfassung seines ganzen Körpers. Das Ohr erkennt diese tiefe Harmonie, kann sie aber nicht regulieren. Wer für das Ohr komponiert, täuscht sich, sei er nun Dichter oder Musiker. Es wundert mich nicht, daß Beethoven taub war; ob das Wort oder der Gesang dem Ohr gefallen, weiß das Genie im voraus durch eine geheimere Bewegung.

Hier hält die Analyse an vor Schwierigkeiten, die vielleicht unüberwindlich sind. Aber indem ich wieder die Gegensätze ausspiele, bilde ich mir eine ziemlich genaue Idee von dem kleinen Musiker, der sein Werk mit dem Ohr prüft und es so lange ändert, bis es ihm gefällt. Das heißt das Klavier malträtieren, das heißt bei Horn und bei Fagott Rat suchen. Große Musik entsteht so nicht; Horn und Fagott setzen sich mit ihr auseinander, so gut sie können. Wenn das Untergeordnete so an seinem Platz und der Lärm beherrscht ist, dann verirrt sich niemand darin. Es gibt also zwei Arten von Musik, wie es zwei Arten von Poesie gibt.

Auch zwei Arten des Tanzes. Es gibt einen Tanz für das Auge, der sogleich entartet. Unser Opernballett ist seit langem so weit, daß es durch seltene und schwierige Bewegungen erstaunt; aber man langweilt sich bald bei diesen frenetischen Gebärden, mit denen die Tänzerin den Eindruck macht, als wolle sie ihre Beine und Arme weit von sich werfen. Ich stelle fest, daß bei dieser Art Tanz die Gewandung künstlich und fremdartig ist. Noch einmal begreife ich durch Entgegensetzung den Sinn der wirklichen Falten und dieser vertrauten Gewandung, die zunächst und stets durch die Schwerkraft geregelt wird und sich außerdem an die Bewegung anschmiegt und durch diese doppelte Voraussetzung geeignet ist, die Haltungen, Übergänge, all diese Spiele des Gleichgewichts spürbar zu machen. Die langen feinen Falten, die immer zur Erde streben und die geringste Erfindung mitmachen, sind die Zeugen eines Tanzes für sich, der der eigentliche Tanz ist. Da jede Bewegung dann da ist, so wie in der echten Musik und in der echten Poesie die beste Folge diejenige ist, die der Struktur und der überwundenen Gefühlsaufwallung entspricht, kann das Auge auch folgen und diese richtigen Übergänge und Ansätze erkennen, die der Tänzer in sich selbst empfindet, an dem beweglichen Senkblei der Gewandung, auf dieselbe Weise, wie das Ohr nach dem Akkord der Töne eine verborgenere Harmonie erfaßt. Heftigkeit ist diesem Tanz fremd, so wie Lärm der Musik fremd ist, und der Schrei der Poesie. Allein durch die Bewegungen eines Vorhanges, der sich immer wieder nach einer unbeugsamen Schwerkraft zurechtschiebt, werden wir vom Äußeren zum Inneren geführt; das Schauspiel ist auf den Rang von Zeichen herabgesetzt. Man muß mit Gedanken zahlen. Verschleierte Form, blinde Statue, tauber Musiker bedeuten ein und dasselbe.

1. Mai 1927

DIE KUNST DES ÜBERZEUGENS

Die Kunst des Überzeugens beruht nicht in erster Linie auf Beweisen. Es ist Naivität, wenn man mit starken Beweisen anrückt, um die Zitadelle zu erobern; das heißt mit Kanonenschüssen auffordern. Der Geist, der sich auf diese Weise belagert sieht, zieht zunächst die Brücke hoch. Darum setzt das Vergnügen der Unterhaltung voraus, daß man nur Bekanntes und Gebilligtes sagt, dem man, wenn man kann, einen Anschein von Neuheit gibt. Dieses Spiel, das man Esprit nennt, zielt darauf ab, zu interessieren, ohne zu beunruhigen. Aber wer zur unpassenden Zeit belehren will, den nennt man Pedanten; Pedant heißt Pädagoge; es ist bemerkenswert, daß dieser Name Pedant, der genau die Aufgabe des Unterrichtens benennt, in der Welt immer falsch aufgefaßt wird, und zwar in einem tadelnden Sinne. Das warnt uns, daß es gefährlich ist, außerhalb der Schule zu belehren. Aber wie soll man es anstellen, wenn man darauf aus ist, die Meinungen eines Menschen zu ändern?

Die Regel aller Regeln besteht darin, daß Sie zunächst von seiner Meinung ausgehen, nicht von der Ihren. Schriftsteller gehen nie anders vor. Und dennoch hat der Schriftsteller diesen Vorteil, daß er sich nicht zeigt, daß er uns nicht belauert, daß er nicht im Hinterhalt liegt, um Vorteil aus einer leichtsinnig geäußerten Bemerkung oder Zustimmung zu ziehen. Man mißtraut weniger einem Schriftsteller als einem Menschen, der in Fleisch und Blut vor einem steht. Und dennoch versteht sich der Schriftsteller wohl darauf, sich zunächst auf dem Gemeinplatz einzurichten. »Alles ist bereits gesagt«; so präludiert La Bruyère; und das ist eine schöne Einleitung zu einem geistreichen und neuen Buch. Das gleicht der Vorrede des Verkäufers von Messern oder Rasiercreme: »Was ich Ihnen sage, wissen Sie genauso gut wie ich.« Aber ich kenne eine bessere Einleitung: »Was ich Ihnen sage, wissen Sie viel besser als ich.« Sokrates hat nie gegen diese unüberwindliche Methode verstoßen, die darin besteht, sich der Meinungen des anderen zu vergewissern. Man konnte diesen Mann einfach gar nicht verlassen, der immer sagte: »Ich weiß nichts.«

Advokaten verstehen sich darauf, zunächst die Meinung des Gegners zu entwickeln und sogar zu stärken, und noch mehr die des Richters, wenn sie sie ihren Ansichten entgegengesetzt vermuten. Und wer als erster alle Argumente des Gegners erraten hat, läßt es sich nicht entgehen, sie auszubreiten. Das heißt, viel gewinnen; das heißt, diejenigen interessieren, die sich fest vorgenommen haben, sich nicht zu interessieren; das heißt, von denen ein Ja gewinnen, die sich darauf eingestellt haben, nein zu sagen. Im Gerichtssaal ist das nur ein Manöver; aber wenn man es guten Glaubens tut, findet man sich noch viel stärker. Selbst die gefürchtete Politik kann Thema der Unterhaltung sein, wenn man sich die Gründe des anderen sagen läßt, statt diejenigen vorzubringen, denen man selbst gefolgt ist. Dieser Schritt stiftet Freundschaft und Frieden. Sobald Sie glauben, daß der andere redlich ist, ist er es. Er mäßigt sich selbst; er öffnet die Tür, statt sie einzurennen.

Es gibt keinen Menschen, der die Philosophie nicht über alles liebte. Was Wissenschaft ist, Weisheit, Mut, das interessiert den erstbesten; und das ist das Thema jeder Unterhaltung. Aber alle fürchten das Argument. Wenn Sie einen Menschen in die Lage gebracht haben, daß er nicht antworten kann und sich selbst in die Falle geht, wie Montaigne sagt, so müssen Sie nicht damit rechnen, daß er Ihnen Dank weiß. Er wird für Sie etwa dieselbe Wertschätzung hegen, die der Fuchs für die Falle hegt, in die er einmal fast getreten wäre. Gestehen wir zu, daß dieser Mensch nicht unrecht hat, sich zu sagen, wenn er Sie verläßt: »Es gibt gewiß eine Antwort, aber ich bin nicht darauf gekommen.« Denn niemand bekehrt sich wegen eines Argumentes, auf das er nicht hat antworten können; wenn nicht er selbst es gefunden hat. Nun, es ist in allen Angelegenheiten ebenso; und ich habe keinen Menschen gekannt, der nicht ebenso mißtrauisch wurde wie ein Fuchs im Angesicht eines Argumentes, das ihm gut schien. Beachten Sie, daß dieses Vermögen, selbst im Angesicht der Evidenz zu zweifeln, den ganzen Menschen ausmacht. Alle ohne Ausnahme betrachten die Kraft des Geistes als eine Art Gewalttätigkeit. Der Sieger in diesem Krieg der Meinungen gewinnt niemals etwas.

September 1927

Die ehemaligen Kaiser Chinas regelten den Raum und die Zeit. Das waren großartige Zeremonien. Ordnung wurde feierlich angewiesen den vier Himmelsrichtungen und den Entfernungen des großen Reiches; Befehl erteilt auch den Jahreszeiten und Monaten und im voraus den Jahren, sich ordentlich auszurichten und gleichsam eine Straße der künftigen Zeit zu bilden, die noch leer war von Ereignissen, aber bereit, sie aufzunehmen. An dieser doppelten Versicherung orientierten die Völker ihre Vorhaben, mit ihr regelten sie ihre Arbeiten, gaben sie sich ihren Hoffnungen hin.

Nun, das läßt uns zunächst lachen, weil wir wissen, daß der Raum sich ganz allein erstreckt, und zwar ohne uns, und immer außer sich ist und daß die Zeit auch ohne unsere Erlaubnis verfließt, daß jeder Augenblick ausgelöscht wird durch den folgenden; dieser Tod der Augenblicke wird nie aufhören, selbst wenn es keinen Kaiser mehr auf der Welt gibt. Und dennoch würde diese chinesische Zeremonie ein schönes Symbol bilden, da die Aufgabe eines jeden Kaisers eigentlich darin besteht, seine Beschlüsse nach dem zu richten, was nicht anders sein kann. Und wenn die Gesetze eines Staates nicht anders wären als die Gesetze der Natur, hätten wir nach den scharfsinnigen Gedanken Montesquieus nichts mehr zu verlangen. Was vermögen die Gewalten anderes, als uns in dem zu bestärken, was wir sind, und unter dem furchtbaren Namen Gerechtigkeit den Folgen des Verbrechens und der Arbeit ihren Lauf zu lassen? Denn schließlich ist es ganz in Ordnung, daß jeder Dienst bezahlt wird und daß derjenige, der raubt und mordet, nicht ruhig in seinem Bett stirbt. So könnte denn die vollkommenste Regierung nichts anderes tun, als nach den natürlichen Gesetzen vorauszusagen. »Wenn Sie gerecht sind, wenn Sie von der Arbeit und vom öffentlichen Tausch leben, dann werden Sie in Frieden leben. Wenn Sie herrschen, bedrohen, zwingen wollen, nehmen statt verdienen wollen, werden Sie Krieg heraufbeschwören.« Der Fortschritt würde von dem einzelnen abhängen; die Gewalten würden nur die Ordnung als solche sichern, und zwar genau die, die wir insgesamt verdienen. Erstaunliche Auffassung von Polizei.

Es gibt eine andere Gewalt, eine andere Ordnung, eine andere Gesellschaft. Es ist nicht wahr, daß der Raum sich von selbst erstreckt und uns Straßen in jeder Himmelsrichtung eröffnet. Was gegeben ist, ist das undurchdringliche Dickicht, die Nacht, die wiederkehrt, der Nebel, die häufig verborgenen Sterne, die Flucht, der Schrecken. Aber der Wetterhahn zeigt den Sonnenuntergang und den Sonnenaufgang viel genauer an, als es die Sonne tut. Es gibt Straßen und Kilometersteine; es gibt Leuchttürme an der Küste, Karten und einen Kalender; es gibt Schulen, in denen man erkennen lernt, an welchem Ort man sich befindet, und wäre es auf dem eintönigen Ozean, und zwar nach den Sternen und der Uhr. Der Raum ist angeordnet; und er ist nichts anderes als diese Anordnung. Ferne, Nähe, Richtungen, bis hin zu den Grenzen unserer Felder ist alles festgelegt und kontrolliert durch eine Gewalt, die nicht im geringsten tyrannisiert.

Die Zeit ist nichts, wenn man sie nicht denkt; und ich sehe nicht, wie man sie denken könnte ohne die öffentliche Zählung der Tage, das genaue Maß der Monate und Jahreszeiten, ohne die öffentlichen Feste, die die wahre Stellung der Sonne feiern. Was wären unsere Erinnerungen ohne die Daten?

Wie wäre der Ablauf des Jahres, wenn jeder ihn nach kalt und warm beurteilen würde? Würde man es wagen, Weihnachten als Neubeginn zu feiern und das neue Jahr anzukündigen und die steigende Sonne, wenn uns der Frost schüttelt? Würde man es wagen, an das launische Frühjahr zu glauben, wenn uns der April mit seinen eisigen Regenschauern peitscht? Und wenn Sonnenfinsternis eintritt, wer würde dann nicht glauben, daß die Sonne sterben wird? Aber der ewige Kaiser von China kennt diese Dinge. Er entwirft im voraus dieses jungfräuliche

Jahr und die Zeiten, wo es angebracht ist, vorsichtig oder vertrauensvoll zu sein. Im voraus entwirft er die Archive unserer Geschichte, wie immer sie auch ausfallen mag; im voraus benennt er die Tage sowie das Bühnenbild der Sonne oder des Mondes für unsere Freuden, für unser Unglück und überläßt alles übrige dem Mut. So ist es denn in diesen Zeremonien des ersten Januar nicht die Gewalt der Überwachung, die sich zeigt, sondern eine andere Gewalt, die nichts als Gedanke ist. Abstraktes, strenges, schönes Fest.

1. Januar 1928

Wenn ich Homer lese, bilde ich eine Gemeinschaft mit dem Dichter, eine Gemeinschaft mit Odysseus und Achill, Gemeinschaft auch mit der Menge derer, die diese Gedichte lesen, sogar noch mit der Menge derer, die nur den Namen dieses Dichters gehört haben. In ihnen allen und in mir wecke ich die Menschheit, vernehme ich den Schritt des Menschen. Die allgemeine Sprache bezeichnet mit dem Namen klassische Literatur diese Suche nach dem Menschen, diese Suche und Betrachtung der Zeichen des Menschen. Angesichts dieser Zeichen – Gedichte, Musikstücke, Malereien, Bauwerke – ist die Völkerversöhnung nicht erst zu bewerkstelligen, sie ist bereits bewirkt. Dennoch tut man so, als glaube man, die Völkergemeinschaft sei weit davon entfernt, eine Tatsache zu sein; Frankreich, England, Deutschland, das sind Tatsachen.

Nehmen Sie erst einmal diesen Standpunkt ein; festigen Sie ihn. Wenn Sie auf irgendeinen Denkwebel stoßen, fragen Sie ihn, ob es üblich sei, Tatsachen zu verehren oder auch nur zu respektieren. Nein, mit Tatsachen muß man rechnen; man muß sie sogar gehörig bedenken. Und wenn man das tut, dann richten sich Verehrung und Respekt direkt auf Ideen, die vielleicht nicht existieren, die aber existieren sollten, wie etwa Mut, Gerechtigkeit, Mäßigkeit und Weisheit. Und wenn wir uns von diesen Denkwebeln ihre tristen Notwendigkeiten als Beiträge zur Moral weismachen lassen, dann geben wir wenig acht auf unsere eigenen Gedanken. Ich möchte sogar sagen, daß wir zu wenig achtgeben auf die Gedanken derer, die uns widersprechen; denn jeder Mensch richtet sich in jeder Minute nach dem, was sein müßte, und hält nichts anderes für wert.

Doch gibt es noch Besseres zu sagen; die Menschheit existiert; die Menschheit ist eine Tatsache. Auguste Comte, der diese Dinge als Naturalist sah, erblickte schließlich dieses große Wesen, das zu groß ist für unser Sehvermögen; und er schleudert uns diese große Entdeckung entgegen, indem er sagt, daß die Menschheit das wirklichste, das lebendigste aller bekannten Wesen sei. Diese Worte würden großes Echo wecken; aber welche Geheimpolizei hat die Wände gepolstert? Es fehlt nicht an Soziologen, die sich Schüler Comtes nennen. Ich kenne nicht einen, der diese große Idee vorträgt; alle umgehen sie, alle fegen sie mit einer Handbewegung vom Tisch. Der Student, der sie wiedererwecken möchte, würde alsbald auf dem Gesicht seines Denkmeisters Zeichen der Ungeduld und dann des Zorns wahrnehmen. Lassen Sie mich diese noble Sippschaft bewundern, die es sich nicht verzeiht, einen Verrat begangen zu haben.

Hier die Lehrmeinung im Abriß. Comte hat zunächst bemerkt, daß Zusammenarbeit in der Gegenwart nicht genügt, eine Gesellschaft zu definieren. Erst das Band von der Vergangenheit zur Gegenwart macht eine Gesellschaft aus. Noch nicht das Tatsachenband, das tierhafte Band; nicht weil der Mensch vom Menschen erbt, bildet er eine Gemeinschaft mit dem Menschen, sondern weil er des Menschen eingedenk ist. Andenken, das heißt, das wieder zum Leben erwecken, was es Großes in den Toten gibt, und zwar in den größten Toten. Will sagen, sich den gereinigten Bildern angleichen, so sehr man nur kann. Das heißt, das verehren, was die Toten hätten sein wollen, das, was sie in seltenen Augenblicken gewesen sind. Die großen Werke – Gedichte, Bauwerke, Statuen – sind die Gegenstände dieses Kults. Die Hymne an die großen Toten verstummt nicht. Es gibt weder einen Schriftsteller noch einen Redner, der nicht unter diesen großen Schatten Schutz sucht; mit jeder Zeile beschwört er sie und selbst noch, ohne es zu wissen, durch diese Zeichen des menschlichen Genius, die allen Sprachen eingeprägt sind. Und eben durch diesen Kult ist der Mensch Mensch. Nehmen Sie einmal an, er vergäße all diese Erinnerungen, diese Gedichte, diese geschmückte Sprache; nehmen Sie an, er beschränkte sich auf das Bewahren seiner selbst, auf das Hüten des Feldes, auf die Schreie des Schreckens und des

Zorns, auf das, was der Körper unter dem Druck der Dinge hervorbringt, die ihn umgeben, dann ist er Tier, sucht seine Nahrung und stößt sich am Hindernis, wie es Fliegen tun. Der Mensch denkt die Menschheit oder er denkt nichts. »Das wachsende Gewicht der Toten«, so etwa sagt Comte, »regelt immer besser unsere schwankende Existenz.« Verstehen Sie wohl. Unser Denken ist nichts als ein ständiges Andenken. Äsop, Sokrates, Jesus sind in all unseren Gedanken anwesend; weitere steigen allmählich am Himmel der Menschen empor. Noch die geringste Gedankenscherbe wird auf den Altar gelegt. Gedichte, Parabeln, Bilder, Fragmente von Bildern, Signaturen des Menschen, all diese Rätsel des Menschen sind Gegenstand unseres Denkens. Es gibt kein nationales Denken; wir denken in größerer Gemeinschaft. Direkt oder indirekt unterhalten wir uns immerfort mit den bedeutenden Schatten, deren Werke, wie der Dichter sagt, fester sind als Erz. Diese Gesellschaft ist nicht erst zu schaffen; sie ist geschaffen; sie mehrt den Schatz der Weisheit. Und die Reiche vergehen.

5. Januar 1928

Der Mensch ist fanatisch, weil er tierhaft ist. Erwachen heißt zunächst aufspringen; aufmerksam sein heißt in erster Linie belauern. Es bleibt etwas von dieser Bewegung in all unseren Gedanken, ohne die unsere Gedanken nichts für uns wären. Aber jeder weiß, daß eine große Angst oder eine große Begierde nicht dazu verhelfen, ins Schwarze der Scheibe zu treffen, nicht einmal dazu, einen Faustschlag recht anzubringen; noch weniger dazu, ein Schloß zu öffnen oder eine Uhr zu stellen. Wer von einer Leidenschaft heimgesucht wird, ist ungeschickt, und durch quälende Erfahrungen wird er furchtsam, das heißt ungeschickt in der Einbildungskraft. Nun gibt es strenge Methoden, um Geige zu spielen oder den Degen zu handhaben, die dahin führen, den gereizten Sklaven von sich selbst zu befreien. Die Regel lautet: »Legen Sie nicht das ganze Gewicht Ihres Körpers darauf, überstürzen Sie sich nicht, tun Sie nicht alles auf einmal; stellen Sie sich nicht darauf ein, den Hügel mit einem Satz zu überspringen; denken Sie nicht an alle Kilometer, die noch vor Ihnen liegen. Ein Schritt und dann ein weiterer.« Ich bewundere am Arbeiter eine gewisse Langsamkeit, die dennoch etwas sehr schnell schafft, und einen Ausdruck von Gleichgültigkeit, mit der Häuser gebaut und Tunnel gebohrt werden. Aber derselbe Mensch stürzt sich ins Denken mit Haut und Haar. Er will alles lösen. Statt zu entwirren, zieht er den Knoten fest.

Man sieht nicht ein, warum ein Mensch intelligenter sein sollte als ein anderer. Eins plus eins ist zwei, das ist nicht schwer zu begreifen; bei den großen Zahlen ist es unmöglich, wenn man nicht zu eins plus eins zurückkehrt. Auch nützt es nichts, mit der Größe der Zahl immer wütender zu werden wie ein kleiner Hund, der den Elefanten anbellt. Vielmehr muß man sich zunächst beruhigen und die Sache einteilen, was vertagen heißt. Nun kommt es vor, daß, je komplizierter das Problem ist, man um so weniger Recht zu haben glaubt, es zu vertagen. Der Tod, Gott, die Seele, die Gerechtigkeit, wie soll man das vertagen? Großer Alarm, der das Blut kochen läßt. Und immer rüttelt irgendein Pascal am Tor. Die Erzählung von der Sphinx ist schön. Die Sphinx wartete auf den Menschen und legte ihm irgendein Rätsel vor; wer es nicht löste, wurde verschlungen. Der Mensch ist sich selbst dieses Ungeheuer. Er gönnt sich keinen Aufschub. Der Narr bildet das vergröberte Bild des naiven Menschen; der Narr stürzt sich geradewegs ins Urteilen. Diese Mischung aus Taumel, Angst und Wut wird oft spürbar in den Schwellungen des Gesichts und am Ton der Stimme. Wenn der Fanatiker denkt, stellen Sie sich ihm nicht in den Weg.

Sokrates vertagte. Montaigne vertagte. Descartes vertagte. Bei Descartes zeigt sich schließlich die Methode; die Ordnung erscheint. »Bevor ich etwas Bestimmtes erkenne, muß ich zunächst etwas anderes, viel Einfacheres erkennen.« Und er ist es auch, der gesagt hat, daß es oft unsere große Liebe zur Wahrheit sei, die bewirkt, daß wir sie verfehlen. Man muß sich also vor der Heftigkeit hüten; das heißt, sich systematisch eine Gleichgültigkeit zulegen. Im Analysieren liegt die ganze Kraft des Geistes; aber analysieren heißt, von einem Augenblick zum anderen wählen und abweisen; das heißt denken, wie man will, und nicht, wie die Dinge möchten; noch weniger, wie es die Menschen möchten; denn sie lieben die Wahrheit im ganzen und möchten sie mit einer einzigen Bewegung umarmen. Diese Ungeduld ist es, die zu Verfolgungen führt. So ist es denn stets die Intelligenz, die verbrannt wird. Sie ist ruchlos. Die Schwierigkeiten zerlegen, das ist das Sakrileg.

Es ist eine Frage, ob es erlaubt sei, alles zu prüfen. Ja, es ist eine Frage, und man muß sie prüfen; folglich muß man alles prüfen. Niemals werden Sie den Geist überwinden, der einmal erwacht ist, und wäre es nur beim Eins-plus-Eins. Denn eine klare Einsicht in dieses Gesetz, das allen Geistern gemein ist, läßt alsbald einen anderen Wert erscheinen, den Wert, der über dieser Welt der Kräfte steht und der sogar fordert, daß man diese Welt der Kräfte abweist. In keinem Problem entscheidet rohe Gewalt; und eben deshalb ist Gewalt nicht Recht. Aber zweifellos ist es dann, wenn man im Kampf mit sich selbst liegt, wenn man empfindet, daß die geringste Rückkehr zur Gewalt uns bis zu der Hoffnung auf einen Gedanken erhebt, daß man dann diese Rückkehr um so besser begreift.

24. Januar 1928

ZWEI RELIGIONEN

Es hat immer schon zwei Religionen gegeben, von denen die eine uns nach außen zieht und zu den Übungen und die andere uns dagegen zu etwas Unbezähmbarem in uns selbst führt. Sokrates wußte sehr wohl, wann die Götter ungerecht waren, und er sagte es; aber er sagte noch Schlimmeres oder Besseres: »Nicht weil die Götter es wollen, ist der Gerechte gerecht, sondern weil der Gerechte gerecht ist, wollen es die Götter.« Das hieß, die Götter dem denkenden Sokrates unterordnen; oder vielmehr hieß das, die Götter Gott unterordnen. Aber diese Bewegung findet kein Ende; denn ein Mensch, der nachdenkt, hört nicht auf, eine immer reinere Instanz in sich anzurufen und eine immer freiere. Wenn man an den Geist glaubt, glaubt man nicht mehr so sehr an die anderen Dinge. Der religiöse Glaube ist die Seele der Skepsis.

Was bewirkt, daß ich nicht glaube, ist immer, daß ich glaube. Wer nur oberflächlich skeptisch ist, sagt vergebens, daß er nichts glaubt; wenn er sich nicht selbst glaubt, wenn er nicht glaubt, daß er in der Lage ist zu entwirren, zu kritisieren, zu urteilen, wenn er sich beherrscht sieht durch Gewohnheit und Brauch und schließlich durch die Falten und Narben des Körpers, dann sagt er ganz vergebens, daß er nichts glaubt, denn ganz im Gegenteil glaubt er alles. Über den Menschen, der sich sagt, daß nichts wahrer ist als etwas anderes, hat jeglicher Anschein dieselbe Macht. Schließlich leiten ihn seine Begierden und der Nutzen; und das ergäbe ein altes Kind, das völlig launisch wäre. Aber die Gesellschaft ist ein bewundernswertes System von Belohnung und Verachtung. Zeremonie und Institution haben alsbald diese leichten Menschen versammelt und ihnen die Richtung gegeben; wie schwimmenden Korken, die mit dem Strom dem Meer zustrebten und ein Bewußtsein davon hätten, werden sie sich dessen inne, daß sie irgendwo hingehen. Sie schreiben sogar Bücher über diese Reise schwimmender Korken. Ich sehe sie als dogmatisch an und sogar als religiös im äußeren Sinne des Wortes. Ganz im Gegensatz zu Sokrates glauben sie, daß der Gerechte gerecht ist, weil die Götter es wollen; daß der Krieg ausbricht, weil die Götter es wollen; daß ihr eigenes Glück sich eingestellt hat, weil die Götter es wollen. Das ist die Haltung der Resignation und die Religion der Jesuiten. Und dieser Teil der Religion wird in einem Menschen nie ganz wegfallen; denn man kann nicht alles beurteilen, und es gibt Ereignisse, Situationen, Strömungen, mit denen man sich abfinden muß. Das heißt sich anpassen; das heißt schließlich glauben, daß das, was Erfolg hat, wahr und gerecht ist. Wohingegen der ewige Sokrates, der vielleicht nie ganz tot ist, nicht einmal in einem Staatsrat, nie aufhört, sich nach dem inneren Orakel, nach dem geheimen Orakel zu erheben; oft nur ein flackerndes Licht, zuweilen strahlend. Zum Beispiel bleibt im Angesicht einer ganz eindeutigen Gaunerei der Mensch, der behauptet, keiner Sache sicher zu sein, ganz offen stehen und sagt: »Das ist etwas, was ich nicht tue.« Nein, selbst wenn der Himmel und die Erde zusammen Beifall spendeten. Ein Spion wird vielleicht niemals seinen Freund verraten. Ein gerissener Geschäftsmann beim Spiel nicht betrügen.

Ich komme zu dem, was bei diesen Ausflüchten am meisten überrascht. Wer Pragmatiker ist, das heißt dem Strom folgt, sagt niemals, daß er es ist. Protagoras, der von Sokrates bloßgestellt wird, gesteht schließlich, daß es nur mehr oder minder vorteilhafte Meinungen gibt, gibt aber zur gleichen Zeit zu, daß man es nicht sagen darf, weil dann die vorteilhaften Meinungen nicht mehr vorteilhaft wären. So muß man von einer Lüge zugunsten des Vaterlandes nicht sagen, sie sei vorteilhaft; man muß sagen, sie sei das Wahre. Und diese Spitzfindigkeit der Reflexion ist selbst unmenschlich; denn das Vorteilhafteste besteht darin, zu glauben, das Vorteilhafte sei wahr. So erweisen sich die Gleichgültigen als Fanatiker. Und umgekehrt ist der, der bei seinem freien Urteil Zuflucht sucht, niemals ganz sicher, daß ein Beweis ganz von Bequemlichkeit und Opportunismus frei ist; und weil er fürchtet, für wahr und gerecht zu nehmen, was ihm gefällt, denunziert er oft als bloß opportun, was der andere sagen will und für wahr hält. Daher ist der Jesuit Rationalist in seinen Reden und der Jansenist Skeptiker. Pascal wird immer den freien Geistern gefallen durch eine Art des Glaubens, die darin besteht, nicht zu glauben: »Man darf dem Volk nicht sagen, daß die Gesetze nicht gerecht sind.« Aber schließlich hat er es gesagt, weil er gesagt hat, man dürfe es nicht sagen. Für sich selbst, in seinen Notizen; aber auch das war noch zu viel.

3. März 1928

Platons Höhle, dieses großartige Bild, ist in Metaphern zerbrochen, die um die Welt gegangen sind wie Edelsteine, die hellen Glanz ausstrahlen. Aber das Urbild ist etwas ganz anderes; es bildet ein Thema des Nachdenkens noch für Jahrhunderte. Wenn ich den Winterhimmel betrachte, der sich jetzt herabsenkt, denke ich gern, ich sei neben den anderen Gefangenen angekettet und schaute mit Verwunderung auf die Schatten an der Wand. Denn die Ideen, die mir etwas von diesem Himmel erklären könnten, stehen dort keineswegs geschrieben. Weder der Äquator noch die Pole, noch die Kugel, noch die Ellipse, noch die Schwerkraft stehen mir vor Augen. Ich stelle fest, daß man anderswo hinschauen und sogar den langen mathematischen Umweg machen und die Dinge ohne Körper und ohne Farben schauen müßte, die diesem Schauspiel keineswegs ähneln, das sie jedoch erklären werden.

So folge ich denn irgendeinem jungen Gefangenen, den ein wohlwollender Genius befreit hat und der nun auf Wegen geführt wird, die in ganz anderer Weise zuverlässig sind als diese Erde, zuverlässig durch Beweis. Ich sehe, wie er erstaunt über eine andere Gewißheit, geblendet von einem anderen Licht, und wie er mehr als einmal den Verlust jener anderen Erkenntnis beklagt, die den Schäfern und den Piraten genügt. Aber man hält ihn fest, man läßt ihn nicht zurückkehren. Er klammert sich zunächst an den Widerschein der Ideen, die jene Figuren sind, an denen man die Wahrheit schaut, ohne die Gründe einzusehen. Daraus schöpft er Kraft, um aus besser geklärten Gründen die Ideen selbst zu ergreifen; und in dem Augenblick verachtet er die Bilder und betritt die algebraische Wüste, wo ihn die Ähnlichkeiten nicht mehr täuschen. Dennoch könnte mein Polytechniker, denn das ist er, sich erneut zu einem mechanischen Denker und aus diesen Zeichen eine andere Art blinder Erfahrung machen. Darum führt Platon ihn noch bis zu dem Punkt des Nachdenkens, wo allein die Rede uns führen kann, wo man nicht mehr sieht, wo man vernimmt. Er weiß nun, daß die Zahl keine Sache ist, auch die Gerade nicht. Damit ist er bei den Ideen. Er kann jetzt in die Höhle zurückkehren als Meeresforscher oder Erdvermesser. Ausgerüstet mit dem Dreieck oder anderen machtvollen körperlosen Werkzeugen kündigt er die Erscheinungen an, die Konjunktionen, Sonnenfinsternisse; und er verändert sie sogar, indem er Deiche und Schiffe baut und alle möglichen Arten von Maschinen, diese leistungsfähigen Schatten. So regiert er; er müßte die Gefangenen zu besseren Geschicken führen. Jedoch sehe ich, daß er mehr erstaunt ist als belehrt, da er zu sehr bewundert, daß seine Formeln Erfolg haben und ihm Macht verschaffen. Gefährliche Denkmaschine; er tötet aus größerer Entfernung als ein anderer.

Da bin ich weit weg von Platon; aber das kommt auch daher, daß ich mich zu sehr beeilt habe, Wunder zu wirken wie einer, der Kunststücke vorführt, weil er in zwei oder drei Geheimnisse eingeweiht ist. Platon, der seinen Polytechniker führen wollte, ging immer Schritt für Schritt vor, immer ein wenig sicherer, bis er das Gute schaute, diese Sonne der Ideen, die sie erhellt und sogar hervorbringt. Und Platon vergißt nicht zu sagen, daß dieses Gute zunächst mehr blendet als erhellt und daß man einen langen Weg aus Worten hinter sich bringen muß, bevor man etwas davon versteht. Und was ist das denn, wenn nicht der freie Geist, der die Ideen hervorbringt, nicht nach dem Gesetz der Schatten, sondern nach seinem eigenen Gesetz? Wenn man den Schüler bis dahin führen und den Ungeduldigen so lange festhalten kann, bis er diesen höchsten Wert ermessen hat, kann man ihn wieder hinabsteigen und in der Höhle seinen Rang als König einnehmen lassen. Denn jetzt weiß er, daß er Geist ist und frei; und von nun an wird er alle diese Schatten des Guten mit den wechselnden Profilen, die Mut, Mäßigung, Rechtschaffenheit, wahres Wissen sind, erkennen; und wenn er in den Schatten von Menschen wirklich

Menschen, seinesgleichen, unvergleichliche Werte erkennt, dann fürchten Sie nicht, daß er sich ihrer als Mittel oder Werkzeuge bedient, noch daß er stolz darauf ist, die Menschen aus größerer Entfernung töten zu können als ein anderer. Ganz im Gegenteil, er wird die Menschen aus viel größerer Entfernung erkennen als ein anderer. Er wird die Waffe aufnehmen und nicht zulassen, daß man das Gute tötet. Aber was für ein seltsamer und seltener Polytechniker!

25. März 1928

Große Schauspieler machen wenig Gebärden und noch weniger Grimassen; ich habe sogar bemerkt, daß sie immer sehr rasch von einer Haltung zu einer anderen übergehen, so daß ich sie, wenn ich an sie denke, nicht in Bewegung sehe, sondern unbeweglich und sprechend. Dafür gibt es äußere Gründe, zum Beispiel, daß man eine wirkliche Handlung immer schlecht sieht. Ein Messerstich, ein Mensch, der fällt, das sind Dinge, die man eher nach den Wirkungen rekonstruiert, als daß man sie sieht. Wer nicht die Wirkungen sieht, sondern nur die Übergänge, bleibt immer im Zweifel und fragt sich, ob er recht gesehen hat. Die natürliche Gebärde, die der Ansatz einer Handlung ist, ist noch mehrdeutiger; sie ist es in sich selbst, weil sie verhalten ist. Auch sehen wir, daß die Mimen sehr weit von der Natur entfernt sind und ihre Gebärden komponieren, was eine Art Tanz ergibt. Daher ist die Regel der Gebärde äußerlich, und sie drückt das Äußere aus.

Man muß einen anderen Grund dieser Sache bedenken, der innerlicher ist. Der Mensch sieht sich nicht als Handelnden, wie er sich als Sprechenden hört. Er empfindet sich, er berührt sich selbst, wenn er handelt; aber von dem Umriß seiner Handlung, so wie sie den Augen des Zuschauers erscheint, hat der Handelnde keine Kenntnis; er kann sich nicht außer sich stellen. Was er von sich selbst durch seine Gebärden und Handlungen zeigt, kennt er nur durch das Zeugnis der anderen. Daraus entsteht der eigentliche Tanz, der eine Nachahmung der Nachahmung ist und ein Mittel, den Gebärden im Spiegel seinesgleichen zu folgen. Indem ich mich nach dem richte, was er von mir nachahmt, sehe ich mich gleichsam so, als sähe ich einen anderen; ich erscheine mir; ich weiß, wie ich mitteile; ich sehe, was man von mir sieht. Diese Bemerkung erklärt hinreichend die Vorsichtsmaßregeln und den Stil des echten Tanzes. Demnach wären denn die wahren Gebärden des Theaters kollektiv.

Das Wort drückt mein eigenes Wesen für mich selbst ebenso wie für die anderen aus. In der Rede erscheine ich mir, wie ich den anderen erscheine. Ich weiß, was ich zeige; ich kann regeln, was ich zeige; ich kann es mit der innersten Berührung abstimmen, der Gefühlsaufwallung, dem Gefühl. Ich weiß zur selben Zeit, was ich zu sagen habe und was ich sage; ich bin Zuschauer meiner selbst. Und weil Denken sich einem Zuhörer anpassen heißt, sind meine Reden meine Gedanken. Meine Gebärden dagegen, wenn sie geregelt sind, sind die Gedanken eines anderen. Die Gebärde drückt den allgemeinen Gedanken aus; die Gebärde ist ihrer Natur nach Ritus und Zeremonie.

Das Wort erfindet, und zwar nicht nur dadurch, daß es das Geheimste des Menschen ausdrückt, sondern auch, weil es ständig korrigiert wird durch das, was der Sprecher selbst daran bemerkt. Und das bewirkt, daß auf der Bühne ein Leben abläuft, das durch das Unvorhersehbare das Drama verjüngt und es am Rande der Zukunft anhält, wie es einmal war. Man weiß nie, wie der Schauspieler spielen wird; er beurteilt sich, er überlegt, er zögert, er stürzt sich hinein; das ist nur ein Spiel zwischen seiner Stimme und seinem ganzen Körper; aber dieses Spiel ist ein Symbol der Handlung selbst. Der tragische Schauspieler setzt in jedem Augenblick seine Krone aufs Spiel; und diese Metapher macht ihn zum König. Da der Mime sich nicht im Spiegel sieht, ist er viel weniger frei; er richtet sich vielmehr nach dem Gedächtnis. Alles ist vorausgesehen; es gibt keine Zukunft mehr; es gibt keine Zeit mehr. Ich glaube, daß im wirklichen Theater der Zuschauer vor allem die Zeit wahrnimmt, und zwar durch eine Mischung von Unvermeidlichem und Unvorhersehbarem. Und deshalb könnten die Gebärden, die auf die Leinwand geworfen werden, verbunden mit der mechanischen Reproduktion der Worte, den Schauspieler nicht ersetzen. Im antiken Theater wurde der Chor eingesetzt und diente dem Kreis der Zuschauer als Ankündigung. Nun sprechen in jedem lebendigen Schauspiel die Zuschauer durch Aufmerksamkeit, durch einen Raum aus Stille, durch den ausgleichenden Beifall, der ein getreuer Zeuge des religiösen Schweigens ist; und der Zuschauer weiß, daß der Schauspieler verstanden hat und versteht; er erwartet die Antwort; so treibt er den Schauspieler in die Krise und in die höchste Steigerung. Diese mächtigen Wirkungen, die an Poesie und Rhetorik zugleich teilhaben, setzen das lebende und noch ganz warme Wort voraus.

20. April 1928

Der Gedanke ist ein Bereuen; das ist kein Gewissensbiß. Der Gewissensbiß ist eine bittere und nutzlose Wiederkehr; das ist ein schlechter Gebrauch der Fehler; aber noch eher ist es gar kein Gebrauch. Wer zufrieden ist mit dem, was er gedacht hat in dem Sinne, daß er darin keine Mängel findet, ist ein Dummkopf; lassen wir ihn. Aber ich weiß nicht, ob es einen solchen Menschen gibt. Was am häufigsten vorkommt, ist eine Art Verzweiflung, die die Idee abschließt, sie beendet, sie poliert und doch weiß, daß sie nicht wahr ist, und weiß oder vielmehr glaubt, daß sie nichts daran ändern kann. Das heißt glauben, daß man nicht denken kann, und doch aus dem Denken einen Beruf machen. Diese Traurigkeit geht auf den Stil über und trocknet ihn aus. Das sind dürftige Blumen, die sich kaum öffnen. Oder schlimmer noch: das ist ein System, das ständig sich wiederholt und sich an seinen Grenzen stößt. Das Reich des Halbtalents ist bevölkert mit diesen mürrischen Malern, Bildhauern, Schriftstellern, die an sich selbst gekettet sind und diese Unfähigkeit mit Firnis überziehen. Die Manier ist eine Art Wut, denn sie ist so etwas wie eine Verdammung seiner selbst und eine Zukunft aus Zwangsarbeit. Ein solcher Mensch weiß immer schon, was er tun wird. Was immer auch der Gegenstand sein mag, er bereitet sich stets darauf vor, seine eigene Linie zu ziehen und seinen Namen darunter zu setzen. Es bedarf eines großen Aufwandes an Ruhm, um den Verdruß zu verbergen; aber Selbstverdrossenheit dringt durch alle Nähte des Stils.

Im Gegensatz dazu sagt man von einem geistreichen Ausdruck, er sei glücklich, und das ist sehr gut gesagt. Das Bedürfnis zu schreiben ist eine Neugier, die wissen möchte, was man finden wird. Ebenso kommt das Bedürfnis zu malen aus der Erfahrung jener Ungeschicklichkeiten, aus denen man etwas macht. So verstehe ich das Bereuen; denn ich sehe darin eine große Hoffnung, wie die Theologen es gelehrt haben. Das heißt, den Zufällen, Schwächen, diesem zitternden, zögernden, leidenschaftlichen Mechanismus Gerechtigkeit widerfahren lassen. Aber das heißt auch wissen, daß, wenn man alle Dinge ausdrückt und die ganze große Welt in die kleine überträgt, sie nicht aufgehört hat, uns in Erstaunen zu versetzen. Das ist das Gefühl der Hilfsquellen und des Unvorhersehbaren. Das heißt zum Chaos zurückkehren und es freudig anerkennen; Material Gottes. Aber man muß ihm auch wirklich vertrauen. Der Sträfling der Literatur läßt sich nicht so weit fallen; er braucht immer menschliche Gliedmaßen, um einen Menschen darzustellen.

Die falsche Idee im Gewissensbiß besteht darin, daß der Mensch nur das ist, was er ist. Der Mensch ist begrenzt; besser noch, alles ist begrenzt. In dem Verdammten ist eine Ordnung, die sehr der polizeilichen Anordnung ähnelt, die keinen anderen Wert hat, als zu dauern. Daran hält man sich. Es ist eine Art des Verehrens, die fanatisch macht. Es gibt eine Verwandtschaft zwischen dem Sträfling der Literatur und dem Krieg. Denn der Krieg zwingt uns, zur Ordnung als solcher herabzusteigen und sie schön zu finden. Der Krieg behauptet mit Großbuchstaben, daß es immer dasselbe sein wird. Was einen am Krieg erschreckt, was einen erstarren läßt, sind nicht die Leidenschaften; es ist vielmehr die Ordnung. Der Mensch ist hier nicht Gefangener seiner eigenen Torheit, sondern vielmehr seiner eigenen Weisheit, die dann ihre mechanischen Folgen entwickelt. Der Krieg, das ist der große Gewissensbiß.

Dagegen ist die Reue dasjenige, das die Natur rettet. Und auch der gute Stil rettet die Natur, da er sicher ist, daß es keinen Umweg und keinen falschen Schritt gibt, der nicht zum Guten führen kann. Der schlechte Dichter wählt seinen Reim oder tauscht ihn aus, aber der echte Dichter erkennt in diesem Reim, der von weiß Gott woher kommt, das Element ohne jeden Vorzug und das Feld seiner Freiheit. Ebenso rettet der Gedanke jeden Nebengedanken bis hin zu den törichtesten Zufällen durch Vertrauen in die Natur, die reich an Wegen ist wie das Meer. Aus diesem abenteuerlichen Schritt gehen die Metaphern hervor. So schreibt Saint-Simon von Fagon, dem tyrannischen Arzt, als er einmal durch einen Heilpraktiker zum Schweigen gebracht wurde, daß er sich wie eine Schnecke an seinen Stab klebte. Es handelt sich um den Tod des Königs, ein feierliches Thema. Und was soll die Schnecke da? Ebenso unerwartet für den Autor wie für uns. Der Stil hat dann Fluß und auch Fahrtwind.

20. Mai 1928

Freies Denken ist unüberwindlich; das Beispiel des Sokrates beweist es zur Genüge. Man hat ihn nur töten können. Was wollen Sie mit einem Menschen machen, der von vornherein ankündigt, daß er nichts weiß und daß er weiß, daß er nichts weiß? Was soll man mit einem Menschen machen, der sich, so oft er kann, dort einstellt, wo man unterrichtet, und der Fragen stellt und die Antworten siebt, ohne je zufrieden zu sein? Sie werden ihm sagen, daß er schwerfällig denkt; er wird antworten, daß er das nur allzu gut weiß. Sie werden ihm sagen, daß er Schwierigkeiten sieht, wo niemand welche sieht. »Um so besser«, wird er sagen, »für die, die zu schnell begreifen. Aber ist das ein Grund, daß ich mich zufrieden gebe, bevor ich begriffen habe?«
Daraufhin wird ihn irgendein großer Sophist, will sagen ein Redner, Jurist, Wissenschaftler tadeln: »Wer bist du denn«, wird er sagen, »daß du dich in Diskussionen einmischst über das Recht, die Gerechtigkeit, das Glück, für die du dich so wenig vorbereitet erweist? Wie kann ein armseliger Geist wie der deine es mit Lehrmeinungen aufnehmen, die von hervorragenden Männern über Jahrhunderte aufgestellt worden sind? Du willst über Gott urteilen, über das, was er erlaubt und verbietet, über die Mysterien, über die Opfergaben, über die Tugend und ähnliche Dinge, wo du dich doch als einen völlig unwissenden Menschen erkennst! Und du maßt dir an, mit hochberühmten Meistern zu disputieren, als ob dein kleines Urteil die Ordnung der Städte und das Verhalten der Bürger bestimmen müßte. In die Schule! Sokrates, geh in die Schule!«
Diese Rede ist seitdem oft vorgetragen worden; und oft kriecht der einfache Bürger in sein Schneckenhaus zurück und läßt verlauten, er stimme zu. Dabei könnte er wohl nach der Art des Sokrates etwa so antworten: »Nichts verpflichtet mich, prompt und glänzend zu denken. Mein Geist ist zwei-

fellos langsam und benommen. Dennoch bin ich für ihn verantwortlich, und nur für ihn. Ich spüre wohl, daß er dasjenige in mir ist, was mich zum Menschen macht. Ich darf keinen Verrat an meinem Geist begehen; ich muß ihn sogar ehren. Aber ich würde ihn sehr schlecht ehren, ich würde ihn, scheint mir, sogar verraten, wenn ich sagte, daß ich begreife, was ich nicht begreife, und daß ich dem zustimme, was mir falsch und ungewiß erscheint. Meine Pflicht gegenüber meinem Geist besteht darin, in meinen Urteilen klarzusehen, und wenn ich darin nicht klarsehe, daran zu zweifeln. Es ist keine Schande zu zweifeln, wenn man es nicht besser kann; und ihr selbst, ihr seid weit davon entfernt, alles zu wissen. Aber umgekehrt wäre es eine Schande, wenn ihr oder ich eine Lehrmeinung für gewiß hielten, die uns nur vorteilhaft oder auch nur wahrscheinlich erschiene. Das heißt, die anderen täuschen und manchmal auch sich selbst täuschen, was vielleicht noch schlimmer ist. Ich werde also niemals sagen, daß ich eurer Ansicht bin, wenn es nicht so ist, noch daß ihr mich überzeugt habt, wenn das nicht der Fall ist. Vielmehr werde ich große Aufmerksamkeit darauf verwenden, euch und allen zu sagen, daß ich zweifle, wenn ich zweifle, und daß ein Argument mir nicht gut zu sein scheint, wenn es mir nicht gut zu sein scheint. So unwissend, wie ich bin, oder vielmehr, weil ich so unwissend bin, muß ich mich an diese Pflicht halten, nichts für wahr zu erkennen als das, was mir ganz offensichtlich so erscheint. Ich habe gelesen, daß Descartes sich diese Regel gegeben hatte; und ich wage zu sagen, daß sie für mich noch besser ist als für ihn. Denn wie oft habe ich geurteilt, ohne zu wissen. Wie oft habe ich nicht etwas gesagt wie die anderen, verleitet durch Autorität, Nutzen und Freundschaft? Aber ich habe erkannt, daß das eines Menschen nicht würdig ist. Und sprechen wir ganz offen: Wenn ich die Lehrmeinungen, die ihr vertretet, als bewiesen ansähe, wo ich doch kaum klar darin sehe, und das, um euer Lob einzuheimsen oder ein gutes Amt zu erwerben, würde ich dann nicht einem Hund gleichen, der

Männchen macht, um ein Stück Zucker zu erhalten? Da wir also darüber einig sind, so ziehe ich vor, ein Mensch zu sein, und ich erwarte eure Beweise.«

20. Juli 1928

Während Napoleon vergeblich versuchte, Goethe zu ergründen, der so undurchsichtig, so gut verschlossen, so hoch verborgen war wie die Quelle eines Flusses, durchdrang Goethe dagegen die militärische Durchsichtigkeit des universellen Technikers, die ohne jedes Geheimnis ist. Dieser Kaiser, der keine Freunde hat, der nicht einmal Feinde hat, der jeden Menschen beurteilt, wie man ein Werkzeug beurteilt, ist dem Höfling unbegreiflich; vielleicht erklärt das, daß dieser Kaiser keinen Hof hatte. Er richtete einen Hof ein, bestimmte Funktionen, Titel, Kleidung, Ehrbezeugungen, wie er alles einrichtete. Soweit ein Dekret eine Welt schaffen kann, schuf er eine Welt. Aber diese Werke des Verstandes dauern nicht länger als das Eisenzeug des Krieges. Eine gewisse Größe und auch die Mittelmäßigkeit eines guten Schülers finden sich in so einem Menschen zusammen. Die Sicherheit der Maschinen erschreckt einen; man glaubt in ihnen einen Gedanken zu sehen; aber alles ist daran äußerlich, selbst das Innere. Man fürchtet sich zu verstehen, daß in einem solchen Menschen sogar der Zorn nur ein Mittel war; auch er war mechanisch, und selbst das Verlangen war nur Triebkraft und Schlacht. Die Anekdoten werden verständlich; erinnern Sie sich an das Porzellan, das er vor den Augen der Diplomaten zerschmetterte, und an jenes Wasser, das dieser ungeduldig Speisende absichtlich über ein Kleid schüttete. Muß man sagen: durch die Ungeduld der Liebe? Nein, er liebte nichts. Goethe hat ihn durchschaut. Es bedurfte des Blickes des Dichters.

Ich verweise Sie an jene kostbaren *Memoiren*, die uns nach und nach das Ganze dieses großen Augenblickes liefern. Durch solche aufbewahrten Augenblicke gewinnt die Menschheit einen Sieg über das Schicksal. Der napoleonische Geist ist nicht tot; er wird nicht sterben. Ob wir groß oder klein sind, wir haben ihn erlitten, wir werden ihn erleiden, vielleicht in uns selbst. Was ist er denn? Er ist der Geist des Militärs. Und welcher Zivilist hat nicht in unserer letzten Krise diese leere Tugend und diese maschinelle Entschlossenheit in Nachahmung der Militärs aufgebracht? Gestanzte Größe und gestanzte Mittelmäßigkeit. Der Mensch, der so geartet und so ausgerichtet ist, sucht und erhält, ob er nun General oder Minister ist, eine Dienstvorschrift, oder er gibt sich auch selbst eine; danach ist er ergriffen und umgeformt von einer Gnade, die das Gegenteil von Gnade ist. Man möchte sagen, daß er durch eine abstrakte Ungnade, die sich übrigens von seinem Gesicht ablesen läßt, von nun an ohne Ermüdung, ohne Zerstreuung, ohne Tadel ist; daß er unerschrocken oder vorsichtig ist, ohne zwischen beiden zu unterscheiden, je nach der Zeiteinteilung, die er sich gegeben hat. Daß er durch dieselbe Spannkraft bald hochherzig, bald erbarmungslos ist; streng aus Vernunft, Freund aus Vernunft, Feind aus Vernunft, wobei er eine Folgerichtigkeit zeigt, um die ihn die Leidenschaften beneiden würden. Aber verstehen wir recht, daß diese Vernunft sein Vorhaben ist, wenn er Vorgesetzter ist, oder seine Dienstvorschrift, wenn er Untergebener ist. Lassen Sie ihn Gefangene bewachen, Ernten einbringen, Herden hüten, Zeitungen schreiben, Transporte leiten, stellen Sie ihn an die Maschinengewehre, die Flugzeuge, die Kanonen, den Stacheldraht, die Feldküchen, er wird überall dieselbe Vollkommenheit entwickeln, was Genauigkeit, Methode, Wissen und Gewissen betrifft. Und dabei wird er ehrgeizig und intrigant sein; was jedoch nicht zu verachten ist, denn er ist nur ehrgeizig, um es besser zu machen und besser zu dienen. Auch die Jesuiten haben Tugenden dieser Art gezeigt. Woraus man die Verwandtschaft erkennt, die zunächst schwer zu erklären ist.

Hier hält das Urteil inne. Es hat keinen Zutritt zu diesen öden Landstrichen. Was sucht es, was erhofft es sich, indem es um die Umzäunung herumgeht, die so gut bewacht ist? Die dürftigste Blume, irgendein Merkmal von Natur, Poesie, Phantasie, Humor, Trägheit. Schließlich irgendeine Reibung in diesen politischen Maschinen, irgendein Eigengewicht, irgendeine Weigerung, irgendeine Unordnung, ein Aufblitzen des Zweifels, ein inneres und sich selbst genügendes Wesen. Etwas anderes als das Nützliche; etwas anderes als das unerbittliche Mittel. Irgendein friedliches Lächeln; denn diese ernsthafte Maschine ist durch und durch Krieg. Und ich setze Hoffnung in unsere Machthaber wegen einiger kostbarer Zeichen. Aber im Angesicht Napoleons gab es keine Hoffnung. Goethe war sehr höflich.

13. September 1928

DER OLYMP

Die Götter der *Ilias* sind nicht so vernünftig wie die Menschen. All diese Krieger vor Troja sind es leid, sich für die Interessen oder den Haß von zwei oder drei Menschen zu schlagen; sie wünschen einen Waffenstillstand und eine Abmachung oder irgendeinen Zweikampf, der alles entscheiden würde und nach dem sie heimkehren könnten. Die Götter aber geben dem einen oder anderen ein, den Eid zu brechen. Weshalb man denn sagen kann, daß diese Mythologie absurd ist, wie es unsere Träume sind. Aber das läßt uns nicht klüger werden.
Es ist besser, die Götter dort aufzusuchen, wo und wann sie entstehen. In diesem Zornesausbruch, in diesem Schlachtgetümmel und in dieser Staubwolke glauben sie, die Götter zu sehen, vor allem aber glauben sie, sie gesehen zu haben, wenn sie sie neben sich und hinter sich vermuten. Oft, wenn sie ihren Feind verfolgen und ihn schon fast eingeholt haben, verlieren sie ihn plötzlich aus den Augen. Worin sie denn durch ihre eigene Heftigkeit getäuscht werden, durch einen Schwung, der schlecht bemessen war, durch einen Tumult und eine Unordnung, die ihr Werk ist. Sie werden keineswegs getäuscht, sie täuschen sich, wie die allgemeine Sprache so schön sagt. Dennoch sind sie gar nicht in der Lage, das zu verstehen; ein Mensch, der läuft und schlägt, denkt nicht gut. Vielmehr nehmen sie etwas Unsichtbares und Unüberwindliches an, das ihren Feind in eine Wolke gehüllt und aus dem Kampf getragen hat. Sich selbst noch näher sagen sie, wenn sie sich frisch und unbesieglich fühlen, wenn sie ihre Hände und ihre Knie nicht beherrschen können, naiv, daß ein Gott sie drängt. Und besser noch, wenn sie in Massen fliehen, fühlen sie sich geführt. In der Tat werden sie durch jenen Teil ihrer selbst geführt, der keine Erlaubnis fordert: Herz, Muskeln und die ganze menschliche Maschine. Kurz, alle Götter, die sie sich einbilden, sind ihre eigenen Leidenschaften. So ist

es denn nicht erstaunlich, daß ihre Götter nicht so weise sind wie sie.
Ihre Götter, aber nicht alle. Jupiter ist in diesem Krieg der Götter Schiedsrichter und Zuschauer. Er hebt seine goldene Waage, nachdem er in die Schalen das Schicksal der einen und der anderen gelegt hat; er sieht, daß eine der Schalen sich senkt und somit den einen für diesen Tag den Sieg ankündigt, den anderen die Niederlage; mehr denkt er dazu nicht. Was bedeutet, daß alles durch Kräfte geregelt wird, die so blind und so unmenschlich sind wie die Schwerkraft. Dies ist kein geringer Gedanke; er zeichnet mit einem untadeligen Strich die ganze Zukunft der Erkenntnis und alle wirklichen Mächte. Was tat je die Macht, wenn nicht ihre Goldwaage über die Menschen erheben, die so gut geeicht ist, daß die Macht sagen kann: »Das wird mit Notwendigkeit geschehen; und das ist genau das, was ich will und befehle.« Die Weisheit Montesquieus erscheint in den Wolken.
Indem ich so den Göttern stromaufwärts folge, wenn ich so sagen darf, entdecke ich noch weitere vollkommene Metaphern. Denn die Menschen der *Ilias* wußten wohl zu sagen, daß es Jupiter, dem politischen Gott, nachdem er die Titanen besiegt hat, welche die Götter der Erde sind, das heißt nicht einmal Leidenschaften, sondern das Tier ohne Gesetz, das unter den Leidenschaften steht, überlassen bleibt, die Leidenschaften selbst zu regieren, die da sind Juno, Neptun, Apollo, Venus. Selbst Minerva, diese Göttin der Weisheit, ist ebenfalls Leidenschaft, ebenfalls eigensinnig, und muß durch Drohung in Schach gehalten werden, obgleich sie das Lieblingskind Jupiters ist. Diesen Gedanken haben wir noch gar nicht ermessen. Und immer noch ist es so, daß dieses glänzende und unsterbliche Volk der Götter gut darstellt, was die goldene Waage in jedem von uns zu regeln und zu regieren findet: Leidenschaften, Töchter der Weisheit, geliebte und gefürchtete Töchter. So zeichnet der Dichter mit einer richtigen Bewegung, und indem er sich der menschlichen Form anvertraut,

was das Geheimnis der Geheimnisse ist, mit einem einzigen sicheren Strich die Summe des Wissens und schließt den Kreis unseres Nachdenkens im voraus. Ohne zu wissen, daß er es weiß. Der blinde Homer, das ist ohne Zweifel die erstaunlichste Metapher. Dieser Himmel liegt diesseits der Augen. Und der Krieg der Ideen findet zunächst im Himmel statt.

10. Januar 1929

Die Philosophie des Verstandes bildet die Grundlage; und wenn man nicht genau weiß, was denken heißt, nämlich universell denken, kommt man in der Erkenntnis des Menschen nicht recht voran. Aber es ist auch klar, daß diese Philosophie des Ewigen keineswegs eine Philosophie der Geschichte ist und daß Geschichte schon etwas ist. Platon dachte wie wir, aber er lebte nicht wie wir. Obgleich er nämlich nach denselben Regeln dachte wie wir, wendete er seine Gedanken auf eine ganz andere Situation an, in der die Dampfschiffahrt, das Auto, das Flugzeug sich nicht einmal der kühnsten Hoffnung zeigten. In einem gewissen Sinne beginnt der Mensch immer wieder von vorn, weil er von seiner menschlichen Struktur bestimmt wird; in einem anderen Sinne jedoch beginnt er niemals wieder von vorn, denn eine Situation führt zu einer anderen, die ohne die erste nicht einmal vorstellbar wäre. So sind unsere Autos Enkel der Sänfte, und der Flugzeugmotor stammt in direkter Linie von den Kolben, Pleueln und Ventilen der Dampfmaschine ab. Staatsverfassungen, Bräuche, Sitten, Religionen, die viel kompliziertere Maschinen sind, werden ebenfalls von allem geprägt, was ihnen vorausgegangen ist. Und was vorausgegangen ist, konnte nicht so bleiben, erforderte vielmehr weitere Erfindungen. Zur Zeit sind wir, wie das immer der Fall war, in einer Übergangszeit. Leere Weisheit also, wenn wir auf diesem Strom schwimmen und weder zu beobachten noch vorauszusehen, noch zu steuern wissen.

Diese Gedanken, die meinem Handwerk ganz fern liegen, drangen in großer Zahl auf mich ein, als ich ein marxistisches Pamphlet las, in dem eine Philosophie, die noch gestern Mode war und die ich übrigens gar nicht mag, völlig verrissen wurde. Es bedarf keiner zehn Jahre, sagte ich mir, um die Transzendentalphilosophie genügend zu kennen, die den ewigen

Denker beschreibt. Danach wird der Mensch, dem das Denken und nicht das Unterrichten am Herzen liegt, die Geschichte bedenken müssen. Er wird dem Marxismus nur entkommen, wenn er ihn durchquert. Und was ist denn diese Philosophie der Geschichte?

Zunächst ist es eine Philosophie der Idee; aber man muß sie im Hegelschen Sinne verstehen. Die Idee ist nicht das, was uns zieht, sondern das, was uns treibt; die Idee ist niemals zureichend, und durch diese Unzulänglichkeit stößt sie uns auf eine andere, und das ohne Ende nach der Forderung der ewigen Logik. So muß man den Marxismus als eine Philosophie der endlosen Veränderung verstehen. Zum Beispiel trägt der Kapitalismus in sich die Forderung nach etwas anderem; er hat sich ständig verändert, er verändert sich ständig. Die Republik verändert sich ständig; das Recht verändert sich ständig. Dieses letzte Beispiel gehört zu den klarsten; was das Recht am Leben erhält, ist die Idee der Unzulänglichkeit des Rechts. Wer diese Veränderung durch die Idee nicht empfindet, ihr nicht folgt, wer dieser Veränderung nicht den Vorrang gibt, der ist kein Mensch.

Sehr gut. Aber der Marxismus nennt sich Materialismus. Was will das sagen? Daß die wirkliche Idee nicht abstrakt ist; daß sie konkret ist und daß sie treibt, wie die Idee in der Pflanze die Pflanze zum Knospen und Blühen treibt. So ist die Entwicklung der wirklichen Idee an alle Umstände des universellen Lebens gebunden. Und längst bevor man die Unzulänglichkeit der Idee begreift, spürt man sie, empfindet man sie auf dieselbe Weise, wie ein Mensch empfindet, daß er krank ist, längst bevor er begreift, daß er es ist, und oft, ohne es je zu begreifen. Das heißt, daß das Niedere wie Hunger, Durst, Zorn, Traurigkeit uns zum Denken führt; das heißt, daß es die Wirkung der Notwendigkeit ist, die in der Geschichte ein neues Moment der Idee erblühen läßt. So setzt der Krieg den Frieden voraus und trägt in sich den Frieden; man kann das begreifen; aber durch den Hunger lernt man es zuerst. Diese andere Logik, in der es immer das Niedere ist, das uns weckt, definiert die Geschichte, das heißt den Materialismus der Geschichte.

28. Mai 1929

Als ich in einem einzigen Zug die großartige Landschaft der *Ilias* durchlaufen hatte, begriff ich plötzlich das erste Wort dieser Dichtung: »Singe den Zorn, Muse.« Der Zorn des Achill, Sie wissen es, dieses vortreffliche, gegenwartsnahe und erschreckende Bild dessen, worauf sich unsere Feinde gefaßt machen müßten, wenn die Kräfte den verborgenen Regungen entsprächen. Denken Sie an diese langen Nächte, in denen er auf seinem Lager aufschnellt wie ein Fisch auf dem Trockenen; in denen er die sanfte Morgenröte erwartet, um seinen Streitwagen anzuspannen und die Leiche Hektors wieder dreimal um das Grab des Patroklus zu schleifen. Der Zorn des Achill, ja; aber das Eigentümliche dieser Dichtung besteht darin, daß die Worte je nach ihrem Platz aufleuchten. »Singe den Zorn, Muse.« Zorn der Götter und der Menschen; kosmischer Zorn; Wirkung des Weines und des gerösteten Fleisches. Diese Kraft der Welt springt vom einen zum anderen über. Mal ist es Diomedes, den sie erfüllt, mal Menelaos, mal Ajax oder Sarpedon oder Hektor, als wenn irgendein Gott sie ergriffe. Beachten Sie, daß sie sehr wohl wissen, daß dieser Krieg töricht ist und daß es besser wäre, gütlich Frieden zu schließen. Doch im Augenblick, da sie den großen Zeus anrufen, den Bewahrer der Eide, sind es die Götter selbst, die den Waffenstillstand brechen; und das bedeutet, daß die Gewalten des Zornes Naturgewalten sind.

Ich glaube nicht, daß man Besseres über den Krieg sagen kann; und ich sehe wohl, warum die frommen Epen nicht gelungen sind; weil sie nämlich lügen. Sie möchten sagen, daß der Mensch sich aus gerechten Gründen schlägt. Sich schlagen, bedenken Sie dieses Wort; und kann man sich denn aus gerechten Gründen schlagen? Der ganze Krieg ist ein Mensch, der nicht schläft und der sich schlägt und sich selbst zerreißt durch seine eigene Kraft. Woher sollte er denn Mitleid mit den anderen haben, wenn er kein Mitleid mit sich selbst hat? Man ruft die Interessen, das Recht, die Gerechtigkeit an; wo doch der Krieg Ruin, Ungerechtigkeit, Beleidigung, Verwundung und Tod für die bedeutet, die ihn führen. Dieser Widerspruch erstaunt uns ebenso, wie er die Helden Homers erstaunen ließ; und wir würden wie sie sagen: »Nicht ohne Götter ergrimmt er so.« Wir täten besser daran, dieses Muskelpaket genauer anzuschauen und auch diese Explosion, die von einem Muskel zum anderen überspringt. Darin liegt kein Geheimnis, und das müßte man wissen; das ist das große Geheimnis. So gibt es denn keine größere Torheit, als zornentbrannt in den Krieg zu ziehen, um für den Frieden zu kämpfen. Wenn es irgendeinen Machiavelli gäbe, für den der Krieg wie ein Acker oder ein Weinberg wäre, so lachte er wohl über diesen friedfertigen Zorn; er würde begreifen, warum er stets gewonnen hat. Aber es gibt keinen Machiavelli; das ist eine Art Gott, den ich erfinde. Dieser Greis, der versucht, die Faust zu ballen, diesen knöchernen Zorn, würde töten und sich töten lassen; es fehlt hier nur die Kraft.

Weshalb ich denn sage, man müsse lockern und immer wieder lockern, in sich zunächst diese erstaunliche Wirkung des Denkens geschmeidig machen, die bewirkt, daß man über Grammatik nicht ohne Drohung diskutiert. Die schönste Seite aus Montaigne, die, soweit ich sehe, niemals zitiert wird, zeigt ihn gelassen auf seiner Schwelle bei geöffneter Tür inmitten der Kriegswirren und Raubzüge seiner Zeit: »Ich habe das Vorhaben dieser Soldaten entkräftet, indem ich ihrer Heldentat das Risiko entzogen habe und jeden Anlaß zu militärischem Ruhm, der sie daran gewöhnt hat, ihnen als Entschuldigungsgrund zu dienen: was man mutig tut, wird immer ehrenhaft getan in Zeiten, wo die Gerechtigkeit tot ist.« Und ich möchte auch den Schluß dieses Kapitels zitieren, der nach wahrer Weisheit klingt. »Unter so vielen bewaffneten Häusern habe ich allein, soviel ich weiß, in Frankreich den Schutz des meinigen dem Himmel rein anvertraut; und ich habe nie weder ein Silbergefäß noch ein Wertpapier, noch einen Wandbehang versteckt. Ich möchte mich weder fürchten noch mich zur Hälfte retten. Wenn eine völlige Dankbarkeit die göttliche Gunst erwirbt, so wird sie mir bis ans Ende dauern; wenn nicht, habe ich immer noch lange genug gelebt, um mein Leben bemerkenswert für die Nachwelt zu machen. Wie? Das ist schon dreißig Jahre her.« Wenn Sie fragen, wo sich diese vielleicht einzigartige Regung des Mutes ohne Zorn findet, so werde ich Ihnen sagen: in den *Essais*. Aber suchen Sie das Kapitel und die Seite; das wird Sie davon abhalten, Feinde zu suchen.

20. Juli 1929

Nichts ist gefährlicher als eine Idee, wenn man nur diese eine Idee hat; ich habe die mörderischste aller Ideen umlaufen sehen; die Lehre ist noch nicht ganz davon gereinigt. Es handelt sich um eine neue Theologie, die ihre Fanatiker und Märtyrer hat. Einen neuen Gott, der die Quelle der Götter ist. Und gleichzeitig um einen Gott, der spricht, befiehlt, lohnt, straft; den man mit der Hand fühlen und mit dem Herzen spüren kann; einen Gott, den zu lieben süß und berauschend ist, den nicht zu lieben Bitternis bringt. Einen Gott, der Jahre des Vergessens um eines einzigen Opfers willen verzeiht, einen Gott, der mehr Freude empfindet über ein wiedergefundenes Schaf als über die ganze Herde, die treu am Stall hängt. Aber was ist das?

Es handelt sich um die Gesellschaft, ohne die der Mensch nichts ist und nichts sein würde. Beim Studium der primitiven Religionen haben die Soziologen endlich herausgefunden, daß es nie eine andere Religion gab als den Kult, den man der Gesellschaft in Festen und Zeremonien darbringt. Und sie haben diese Erregung Ekstase genannt, die ihre Kraft aus sich selbst schöpft und durch die jeder einzelne Bürger an der gemeinsamen Seele teilhat. Sobald der Bürger sich in diesem Zustand der Gnade und Kommunion befindet, sorgt er sich nicht mehr um die kleinen Leiden des Alltags; alles gereicht ihm zur Stärkung; er wagt alles; er selbst fühlt sich als Gott. Er zögert nicht mehr, dem Leben einen Sinn zu geben; die in Ekstase befindliche Gesellschaft läßt ihm ein Glück zuteil werden, das berauschender ist als Wein. Wie soll er da nicht einen unsichtbaren Gott erfinden, dessen wundertätige Gegenwart er zu spüren glaubt? Aber diese Theologie ist abstrakt und kalt; der Soziologe stellt den Gott in seiner wahren Substanz wieder her, die die Gesellschaft ist; so interpretiert er die alten kultischen Handlungen und die naiven Glaubensformen; so erklärt

er den Verfall der Religionen, die nur noch über ein ideales Objekt verfügen; so macht er uns zum Zeugen einer Wiedergeburt der primitiven Religion, unter anderen Namen, aber mit ihren wahren Gläubigen, Märtyrern und Inquisitoren.
Der Fanatismus, der so fremd und an sich fast nicht mehr vorstellbar erscheint, wenn man ihn von seinen Wurzeln trennt, wird zu einer menschlichen Tatsache ersten Ranges, vor der die Probleme der Gerechtigkeit, der Weisheit und des menschlichen Schicksals nicht mehr in die Waagschale fallen.
Diesen Gott lieben, in ihm und für ihn leben, für ihn sterben, ihn niemals einem Urteil, einem Zweifel unterwerfen, das ist das Schicksal des Menschen und seine Vollkommenheit.
Jedoch kann er nicht aus sich allein dazu gelangen. Er begreift wohl aus sich allein, was ich soeben geschrieben habe und was nur eine Vorlesung in der Sorbonne ist; aber er macht nicht die Erfahrung. Er unterwirft sich nicht der Ekstase. Er unterhält nicht durch ständige Übungen die Art Verzückung und Begeisterung, die den Menschen über sich selbst erhebt. Er praktiziert nicht. Er weiß vielleicht, aber er glaubt nicht. Was geht in dieser Einsamkeit des Menschen vor sich, der so fern oder verbannt von Gott lebt? Ideen; andere Ideen; eine mühsame Arbeit, durch die die Mächte und die Gesellschaft selbst dem Urteil unterworfen werden; unendliche Zweifel, die Gerechtigkeit, Gleichheit, Reichtum und Arbeit betreffen. Ein Unzufriedener, ein Urteilender. Und es ist mit dieser Religion wie mit allen anderen; sie glaubt, das Recht zu haben, die Menschen um ihrer selbst willen zu zwingen und zu stoßen und sie gegen ihren Willen zu retten. Dazu wird man durch gut gelenkte Erziehung und starke Unterdrückung gelangen. Und warum sollte man schwach sein, wenn man Arzt ist und an der Wirkung des Heilmittels keinen Zweifel hegt?
Diese erschreckende Idee zeigt sich in Krisenzeiten. Danach kehrt der menschliche Geist zum Gleichgewicht zurück durch die Betrachtung anderer Ideen, deren einige dieser überlegen, andere unterlegen sind. Was man aber, wie ich glaube, noch nie

gesehen hat, ist, daß fern aller Gefahr und gleichsam, um das Instrument zu erproben, in einer Art Laboratorium mit dieser explosiven Lehre experimentiert wird mit Hilfe einer Technik der Ekstase, die ständig erneuert und mit allen Mitteln vorangetrieben wird. Und eben das geschieht, wenn man eine Idee sich selbst überläßt.

9. Juli 1930

Es ist die Zeit des Erinnerns, und das Erinnern ist fromm; deshalb erscheint in unseren Träumereien das goldene Zeitalter. Warum bewahrt das Erinnern, was schön und groß ist, und läßt das Häßliche und Kleine beiseite? Vielleicht hat das nur physiologische Ursachen. Es ist mühsam, zu fürchten und zu hassen, denn das heißt kleinlich und als Sklave leben; das heißt wissen, daß man schwach ist; dagegen ist das Gefühl des Bewunderns gesund. Wenn daher die Menschen aus dem Kreis unserer Interessen herausgetreten sind, erscheinen sie uns ohne weiteres schön. Die Legende ist stärkend und gut zu atmen. Das ist das Gesetz allen Gedenkens; die lebhaften seelischen Regungen tragen noch dazu bei; es gibt kein anderes Mitleiden mit den Toten, als gut von ihnen zu denken; für sie beten, bedeutet genau das, und die Mythen sind untadelig. Ich wünsche, daß die Sünden der Toten vergeben werden; und das heißt, sie zunächst einmal selbst vergeben, und damit ist alles geschafft; die Toten erheben sich in ihrem Ruhm und bevölkern das Paradies des goldenen Zeitalters. Die Hölle ist weniger natürlich; man verheißt sie denen, die noch leben; aber diese Verheißung wird nicht eingehalten. Schlimmstenfalls löscht der Tod sie aus.

Durch dieses Spiel der Einbildungskraft und durch das Spiel unserer Vorliebe finden wir uns in der Lage, daß uns eine Menge von Göttern und Halbgöttern vorausgeht. Alle Heiligen, das Fest selbst sagt es, da Allerheiligen das Fest aller Toten ist. Jeder denkt an die heroische Zeit. Der Adlige stellt sich sehr große Adlige vor, der Rechtsanwalt stellt sich sehr große Anwälte vor, der Militär geht bis zu Napoleon zurück, zu Turenne, zu Caesar und sieht sich dagegen klein; der Arbeiter sagt, man verstehe nicht mehr recht zu arbeiten, und der Syndikus sagt, man verstehe nicht mehr recht, sich aufzuopfern. Alle stimmen darin überein, daß jetzt Interessen und Bedürfnisse die Welt regieren. Wenige verstehen sich darauf, in allen Zeiten eine Mischung von großen Ideen und kleinem Ehrgeiz zu erkennen; wenige würden gestehen, daß das Bedürfnis zu essen und zu schlafen in Caesar ebenso wie in jedem anderen Menschen am stärksten war. Tatsache ist, daß die Helden weder Hunger noch Durst mehr haben, noch Müdigkeit zeigen; und aus dieser Voraussetzung ist die volkstümliche Geschichtsauffassung hervorgegangen. Homer sagt: »Es kommt selten vor, daß die Söhne besser sind als ihre Väter; die meisten sind schlechter.« Das ist eine ergreifende Idee, die uns aber auch überredet, daß alles immer schlechter wird; zu diesem Gedanken veranlaßt uns die traurige Jahreszeit. Glauben Sie mir, der Mensch ist ganz von allein dazu gekommen, das Knie zu beugen, sich selbst zu verachten und für die Toten zu beten.

Der Bemerkung wert ist, daß der Fortschritt eben dadurch gesichert wird; nur weiß man es nicht; diese Quelle liegt verborgen. Es ist jedoch klar, daß Vorfahr und Held, der wirkliche Gegenstand allen Kultes, besser sind als wir, und für uns sogar besser, als sie je in ihrem wirklichen Leben waren. Denn sie waren, wie wir es sind, diesem eisernen Gesetz unterworfen, daß das niedere Bedürfnis, wenn auch verächtlich, so doch unwiderstehlich ist; der stärkste Vorsatz hält keinen Menschen vierundzwanzig Stunden ohne Schlaf. Aber das, was wir an uns nicht übersehen können, übersehen wir an ihnen. So ahmen wir Vorbilder nach, die nie existiert haben. »Die Toten regieren die Lebenden«, dieses großartige Wort Auguste Comtes bedeutet, daß die Toten unsere Könige sind – und wert, es zu sein. Es gibt nur große Tote, weil die Toten nichts als Geist sind. Und was wären sie denn anderes? Vergebens versuchen wir, unsere Laster und Schwächen auf diese von der Erde abgeschnittenen Sprosse zu pfropfen. Und immer wieder ist es klar, daß unser Denken sich durch Lesen bildet, was so viel heißt wie Rat suchen bei den Unsterblichen. Wir sind nichts als Materie; sie dagegen sind nichts als Geist. Und der Geist hört nicht auf zu wachsen, denn das Volk der Toten hört nicht auf, sich zu ergänzen.

Darum sagt Comte auch: »Das wachsende Gewicht der Toten«; und er meint es in dem Sinne, daß die Toten weiser sind als wir. Sie setzen uns alle zu, die einen durch den Mut, die anderen durch die Intelligenz, wieder andere durch Gerechtigkeit und Mäßigkeit. Und so wenig diese Seelen auf unserem Handeln lasten, so muß doch dieser schwache Druck so vieler Vorbilder die Menge der Menschen ein wenig über sich hinausheben. So vollzieht sich durch die imaginäre Idee eines Verfalls ganz unmerklich ein wirklicher Fortschritt. Das ist die Wirkung des Totenkults, um die, das muß gesagt werden, die Tiere sich nicht die geringste Sorge machen.

1. November 1930

Spinoza sagt: »Hüten wir uns, in unseren Unterhaltungen die Mängel der Menschen und ihre Knechtschaft breit auszumalen, sprechen wir darüber vielmehr nur sehr nüchtern; ausführlich dagegen über die Tugenden, das heißt, über ihre Kraft; und lassen wir uns, so weit wie möglich, nicht durch Furcht und Abneigung bewegen, sondern durch Freude.« Das ist ein schöner Text für eine Predigt. Es fällt nicht schwer, herabzusetzen; aber es ist gesund, zu bewundern. Menschenhaß ist eine Krankheit; doch von solch einem Urteil, das selbst eine menschenfeindliche Färbung hat, schwinge ich mich wieder auf und nehme diese herabwürdigende Laune als einen ungeheuren Irrtum. Ich habe zunächst nicht den Geniestreich Molières begriffen, der Misanthrop denjenigen nennt, der nicht mit Freuden zu lieben weiß. Célimène verharrt fest in ihrem Wesen; sie lebt, sie überwindet, sie kämpft auf ihrem Posten; sie ist mehr wert, als man meint; sie sagt es nicht; sie wüßte es nicht zu sagen; aber sie wartet darauf, daß man ihr Innerstes errät. Alceste ist nicht der Mann, der sie in ihrem Wesen bestärken wird; er sieht nur, was sie nicht hat. Lieben heißt beistehen, erahnen, das Beste dessen fördern, was man liebt. Und die Freude ist es, die das Zeichen des heroischen Gefühls ist. Alceste hat von Anfang an den falschen Weg eingeschlagen.

Ein hitziger Alceste sprach mich kürzlich an und sagte mir zur Begrüßung: »Was gibt's doch gemeine Menschen auf der Welt!« Worauf ich antwortete: »Ja, aber wie viele rechtschaffene.« Er stimmte zu. Nun, das sind dieselben. Auf das nur allzu bekannte Axiom Hobbes', »Der Mensch ist dem Menschen ein Wolf«, antwortet Spinoza, der Mensch sei dem Menschen ein Gott. Aber es ist wahr, daß dieser Gott sich hinter sehr dunklen Wolken verbirgt. »Wie schwierig es doch ist«, hat La Bruyère geschrieben, »mit jemandem zufrieden zu sein!« Wenn Sie dazu eine nützliche Übung machen wollen, schlage ich Ihnen zwei Bücher vor, die, wenn man will, sehr langweilig sind, und die sehr nahrhaft sind, wenn man ihnen einen Kredit einräumt. Das eine ist *Die neue Heloïse*; das andere ist *Wilhelm Meister*. Wenn Sie sich fest vornehmen, sie zu lieben, finden Sie reichlich Grund, sie zu lieben. Wenn nicht, dann nicht. Wenn Sie diese Einstellung, mit gutem Willen zu zahlen, bevor man erhält, einmal in sich gefestigt haben, wird sie Ihnen bei jeder weiteren Lektüre helfen. Und wenn es Ihnen gelingt, Menschen wie Bücher zu lesen, so ist das einen Kuraufenthalt in Vittel oder Karlsbad wert. Denn Bosheit macht einen großen Teil unserer Krankheiten aus.

Das spürt und empfindet jeder. Aber wo liegt die Wurzel dieser Idee? Darin, daß das positive Wesen jedes Menschen schön und gut ist und daß seine Mängel nicht von ihm stammen. Eine Idee, die Spinoza an Gott erkannt hat; doch auch ohne diesen großen Umweg läßt sich begreifen, daß ein Wesen nicht durch das lebt, was ihm fehlt; und den Schatz seines Lebens, dieses kostbare und einzigartige Werk, eben das müssen Sie finden. Wenn er in Zorn gerät, so gehört das nicht zu ihm; das kommt nur daher, weil diese Welt ihn angreift; weil irgendeine Mücke ihn sticht, wie man so schön sagt. Und da es an Mücken nicht mangelt, mangelt es auch nicht an Grimassen auf dieser lebenden Statue; aber die Grimasse gehört nicht zum Menschen; andernfalls müßte man sagen, daß er nichts anderes tut als sterben. Derselbe Spinoza hat geschrieben, niemand werde zerstört, es sei denn durch Ursachen, die ihm fremd sind. Allein, da jedes Wesen im Kampf steht und in Gefahr, liegt es an uns, aus diesem Anschein das wahre Gesicht herauszulesen und, sagen wir, die Seele, die Spinoza als Idee des Körpers definiert. Ich skizziere diesen steinigen Pfad ein wenig, aber nicht ohne Belohnung zum Nutzen derer, die allzu viel Denken mit den Menschen und auch mit sich selbst verfeindet hat. Darüber muß man hinwegkommen; und ich sage nur wie zum Athleten: »Keiner wird für dich springen.«

Nun, ich stellte dieser Tage fest, daß die Menschen sich wohl in die Begeisterung zu stürzen wissen, sobald sie es können. Sie gehen direkt darauf zu wie auf gesunde Luft. Sie zimmern sich ihren großen Menschen zurecht; sie tragen ihn auf Händen. Solange er lebt und vor allem, wenn man ihn aus der Nähe sieht, ist das schwierig wegen all der Grimassen, die sein Gesicht überziehen. Doch wenn er tot ist, bildet sich die Legende und macht sich über die Geschichte lustig. Wo ist hier das Wahre? Ich habe zu verstehen geben wollen, daß man sich auf dieser Suche selbst helfen muß. Denn es gibt eine Wahrheit der Dinge, die den Menschen herabsetzt; aber die Wahrheit der Dinge ist nicht die Wahrheit des Menschen; und das Wahre des Menschen muß man auf Händen tragen.

21. Februar 1931

Wenn man versuchen will, nach der Dialektik Hegels zu denken, ist es nicht gut, sich an die abstraktesten Spiele zu halten wie etwa die, die uns vom Sein und Nicht-Sein zum Werden übergehen lassen. Das ist nur der Anfang, abstrakt, schwierig, unerträglich. Wer Ihnen dann, lange Zeit nach dem alten Parmenides, wieder beweisen will, daß das Sein eins und unbeweglich ist, scheint Ihnen nicht von dieser Welt und weit weg von unseren Problemen zu sein; und der andere Sophist, der sich durch Schlüsse gleicher Art einen Spaß daraus macht zu beweisen, daß das Sein vielfältig ist, was darauf hinausläuft zu sagen, daß es sich von sich selbst abstößt und sich verneint, schlägt Sie alsbald in die Flucht. Da sind Sie denn wieder bei dem, was Sie mögen, bei Ihrem Beruf, bei Ihrem Gehorsam, Ihrer Empörung, Ihrer Trägheit, Ihrer Entrüstung, wirklichen Gedanken also, die Ihr Leben unter sich aufteilen. Verlieren wir die Wirklichkeit nicht aus den Augen; bleiben wir mit den Füßen auf der Erde. Wir sind geflohen; überall trifft man solche Flüchtlinge; sie verstopfen sich den Verstand, wie andere sich die Ohren verstopfen. Dennoch haben sie ihren Gedanken nicht entfliehen können. Was soll das heißen? Daß sie sich nicht von den Gegensätzen haben befreien können, die sich in ihren Gedanken herumschlagen. Ich liebe sie, also werde ich sie umbringen. Ich will unterrichten, und schon balle ich die Fäuste. Wer ist der Tyrann, der meine bedrohte Freiheit retten wird? Und müssen wir nicht Sicherheit mit dem Preis unseres Lebens bezahlen? Solche Gedanken hämmern auf uns ein, und gegen sie gewinnen wir nichts. Das Ja verweist uns ans Nein und das Nein ans Ja. Wir denken nämlich auf der Flucht. Man müßte begreifen, daß wir verfolgt werden von dem alten Sein und dem alten Nicht-Sein. Wer hat nicht schon gesagt: »Nur eins von beiden«, und das ganz vergeblich? Denn bereits im nächsten Augenblick wird er gezwungen, sie beide zu ergreifen. Diese ermüdende Erfahrung bringt Gemäßigte hervor, die von Leidenschaften geplagt werden.

Nun, wenn Sie auch nur ein wenig in Hegel blättern, werden Sie sehr schnell das Porträt Ihrer Leidenschaften finden und sogar das Ihrer Launen, schließlich den ganzen Menschen, der ein schwieriges Lebewesen ist. Wenn er Ihnen seine Gegenüberstellung des Herrn und des Knechts vorlegt, erkennen Sie alsbald das beständige Denken des Herrn und das beständige Denken des Knechts, das heißt, das beständige Denken aller; und zwar ein Denken, das in Tätigkeit ist und das die Menschenwelt schubweise vorantreibt. Sie lesen, Sie können gar nicht anders; denn es ist die Geschichte Ihrer selbst. Sie stellen fest, wie der Herr sich als Knecht erkennt durch seine Herrengedanken; wie der Knecht sich als Herrn erkennt durch seine knechtischen Gedanken. Oder Sie verstehen auch, wenn man ergreifendere Worte gebraucht, daß der Reiche gerade durch seinen Reichtum von allem Reichtum getrennt ist und daß der Arme durch seine Armut allen Reichtum bewahrt; daß schließlich der Arbeitende immer wieder den Müßiggänger enteignet. Ist das nicht das Sein, das ins Nicht-Sein umschlägt, und das Nicht-Sein, das ins Sein umschlägt? Und ist diese ständige Revolution nicht ein unvermeidliches Werden all der Dinge, die sich für ewig halten?

Wenn Sie einen solchen Rückblick auf die Logik werfen, die man zunächst allzu geringschätzt, werden Sie denken, daß man ihr von Anbeginn ins Auge sehen muß, statt davonzulaufen. Und statt sich über das Sein und das Nicht-Sein lustig zu machen, die sich in ihrer Nacktheit gleichen, wenden Sie sich von selbst, wie ein freier Mensch, dem ganz nahen Gedanken, dem Werden, zu, durch das Sie Sein und Nicht-Sein zusammen denken. Und dieses Werden ist die Ankündigung einer Reise ohne Ende. Was Sie zunächst einmal von der Angst zu denken heilt; denn statt sich vom Gedanken treiben zu lassen, sind Sie es, der seine Gedanken vorantreibt. Vielleicht nicht nach Hegel; Hegel ist kein heiliges Buch. Ich ersehe daraus vielmehr eine

Methode, die Sie in die Lage versetzt, den Widerspruch zu überwinden, zunächst aber ihm ins Gesicht zu schauen durch die gemachte Erfahrung, daß der Widerspruch stets, wie Leibniz sagte, etwas viel Schöneres ankündigt. Nur muß man halt überwinden und auflösen. Eine zu allen Zeiten verbreitete Torheit ist es, zu glauben, wenn man sich fest an den einen Teil des Widerspruchs klammere, werde der andere Teil einen in Ruhe lassen. Kurz, Denken ist weder ein Ruhelager noch eine Auffangstellung. Es tut mir sehr leid um unsere Denker mit den geschlossenen Augen.

3. März 1932

Der Pilger des Friedens, aber sagen wir lieber dieser Vater der Völker, der kürzlich gestorben ist, wer war er? Man rekonstruiert einen großen Menschen nicht, indem man die kleinen Beobachtungen und die kleinen Gründe zusammenträgt. Briand war der Politiker, wie ihn Platon versteht, der über die Gesetze hinweg urteilt. Das setzt eine Freiheit voraus, deren Idee man kaum bilden kann, eine Gleichgültigkeit gegenüber der Meinung, eine abgesicherte Geringschätzung, die die Kunst, sich eines jeden zu bedienen, erhellt. Man sagt, er habe sich nachsichtig und gut gezeigt; das glaube ich wohl. Ein solcher Mensch versteht sich nicht aufs Hassen, und Groll kann in ihm nur eine Vorsichtsmaßnahme sein. Alle gesträubten Leidenschaften rechnen die Vergangenheit auf und sind zum Widerspruch geneigt. Der Mann des Urteils, der er war, ist zu nahe am jeweiligen Augenblick, zu aufmerksam auf die unmittelbare Zukunft, um nicht die Prinzipien zu vergessen, die unsere Krücken sind. Prinzipien sind wie Gesetze, nach denen der einzelne sich regiert; er bewahrt sie, er achtet sie, er schwört sich, nie gegen sie zu verstoßen; das macht die Stärke eines Subalternen aus, und um den wunden Punkt zu berühren, füge ich hinzu, daß die Prinzipien in einem Menschen, der zu überlegen weiß, jeden möglichen Verrat erlauben. Man hat mehr als genügend Beispiele dafür erlebt. Friedrich der Große sagte, er fände leicht einen Rechtsberater, um die Absichten der Macht als Gerechtigkeit und Vernunft auszugeben. So ist der Durchschnittsmensch geartet; und wir haben triftige Gründe, dem durchschnittlichen Menschen zu mißtrauen. Der Krieg ist auf allen Ebenen von vernünftigen und sehr wenig bösartigen Menschen vorbereitet und geführt worden. Sie sind ihren Vorgängern gefolgt; sie haben getan, was man immer getan hat. Diese sehr unschuldigen Prinzipien haben maßlose Übel über uns gebracht.

Eine königliche Natur, so nennt sie Platon, ist ganz anders geartet; sie verachtet die Krücken der Beweisführung; sie wirft sie weg; sie erfindet für den neuen Augenblick einen neuen Gedanken; sie paßt sich dem Ereignis an, betastet es, ergreift es und läßt alles übrige beiseite. Viel stärker noch als jene Leute, die bereits über dem Durchschnitt stehen und im Angesicht eines unvorhergesehenen Hindernisses ihr Vorhaben ändern, hat die königliche Seele gar kein Vorhaben; auch entschließt sie sich im Augenblick und gegen alle Voraussagen. Bedenken Sie, was das für eine Kraft ist, wenn man den Geist nicht darauf verschwendet zu erraten, was der andere sagen könnte. Diese Art des Gesprächs und der Verhandlung setzt eine Art Nacktheit des Geistes voraus oder, um es anders zu sagen, eine schiedsrichterliche Unparteilichkeit. Man gewinnt dabei dadurch, daß man keine Verfahren bei sich allein ausdenkt; ebenso wie ein Kämpfer oder Boxer sich nicht damit erschöpft, daß er sich die Angriffe des Gegners vorstellt; er wartet ab, bis es soweit ist. Ich vermute, daß diese Kühnheit des Improvisierens in diesem Politiker viel weiter ging, als er glauben lassen wollte. Diese glückliche Leere des Geistes, die der Angst völlig entgegengesetzt ist, die alle Schauspieler kennen, ist wahrscheinlich das, was für seine Vertrauten das Geheimnis ausgemacht hat. Sie haben tief verborgene Listen vermutet, Früchte langer Erfahrung; und ich glaube, daß sie da ganz falsch vermutet haben. Die Trennung von Staat und Kirche war ein Problem, das mit Geschichte belastet war; der Gegner war einer der listenreichsten; Briand, der ohne Erfahrung in diesen Dingen war, führte die Angelegenheit, wie er wollte. Solche Leichtigkeit gefällt nicht, man vermutet dahinter Zynismus oder zumindest eine tiefe und unmoralische Gleichgültigkeit. Der Geist wird immer schlecht beurteilt werden; und der Geist macht sich darüber lustig, daß er schlecht beurteilt wird.

Man müßte das Ende abwarten. Unsere Kriege, so wie sie sind und sein werden, unsere fanatischen und frenetischen Kriege, ich möchte sogar sagen, trunkenen Kriege sind etwas, was niemand wollen kann und, soviel ich glaube, niemand will. Dennoch gehen die sklavischen Geister darauf zu aus dem Bedürfnis, das sie nach untadeligen Konventionen und endgültigen Reglementierungen haben. Sie regeln den Frieden etwa so, wie die Richter schwer entwirrbare Erbfolgen regeln. Ob es nun Richter oder Politiker sind, sie suchen Präzedenzfälle für ein neues Problem. Aber jedes Problem ist neu, und die Geschichte beginnt niemals wieder von vorn. Nun, der neue Geist, der bis dahin alles glücklich bewältigt hatte, Kleines und Großes, fand in dieser schwierigen Frage des Friedens trotz ihres Widerstandes die Gelegenheit zu tun, was alle wollten. Trotz ihres Widerstandes, ich meine die Politiker. Denn die Völker haben auf der Stelle den guten König erkannt, denjenigen, der wirklich Mitleid mit den armen Leuten hat. Wenn man aber glaubte, Mitleid sei nicht in den anderen Königen, würde man sich noch einmal täuschen. Mitleid ist eine seltsame Mischung, in die oft Zorn, und zwar zu viel Zorn eingeht. Man wird feststellen, daß das, was es an Entsetzlichem im Kriege gibt, nicht das ist, was die Leidenschaften besänftigt; man führt den Krieg aus Haß gegen den Krieg. Dieser innere und so naive Widerspruch ist schwer zu überwinden. Es bedürfte dazu, glaube ich, eines Geistes, der stärker ist als der Haß und selbst stärker als das Mitleid. Wie oft habe ich nicht schon von einem guten Menschen gesagt: »Wenn er nur gut ist, wird er böse sein.« Briand war aus selteneren Stoff.

19. März 1932

Über die Gründe, tugendhaft zu sein, streiten sich die Menschen; aber über die Tugend selbst nicht. Ich stelle mir einen Kongreß von Trockenbrotessern zur Zeit des Theodosius oder irgendeiner anderen Zeit vor. Ich sehe den Epikureer kommen, den Stoiker, den Christen, jeden mit seinem Stück Brot und seinem Krug Wasser, jeden mit seinem Hirtenmantel und seinem Wanderstab. Dieses Bankett der drei Weisen ist schön anzusehen und gibt eine überzeugende Vorstellung von der Vernunft, solange sie schweigend essen und trinken. Doch sobald sie versuchen sich zu verstehen, ist alles verloren. »Die Nationen«, sagt der Christ, »waren blind und töricht bis zu dem Tag, da der Sohn Gottes Mensch wurde, um uns die Verachtung der Reichtümer zu lehren; und deshalb finde ich dieses trockene Brot gut und auch dieses klare Wasser.« – »Aber keineswegs«, sagt der Stoiker, »Diogenes sagte bereits, daß es die Mühe ist, die gut ist, und er zerbrach seine Schale, nachdem er gesehen hatte, wie ein Kind aus der hohlen Hand trank. Ein freier Mensch ist derjenige, der am wenigsten Bedürfnisse hat; der freie Mensch ist Jupiter gleich; deshalb lebe ich von Brot und Wasser.« – »Es gibt keine Götter«, sagt der Epikureer, »noch gibt es eine unsterbliche Seele. Alles geschieht durch den Regen, den Strom und die Wirbel der Atome; sie stoßen sich, reiben sich, bleiben aneinander hängen, und so entsteht ein Meer, eine Erde, ein Baum, ein Mensch; und alles vergeht, alles geht dahin, alles läuft auf den ewigen Tod zu. Die Menschen sind töricht, weil sie dieses Leben tanzender Mücken, das ihr Leben ist, ernst nehmen; ich aber, der ich weiß, beschäftige mich damit, das Durcheinander des Denkens und die Vergnügungen, die mit Schmerzen vermischt sind, zu fliehen; deshalb bestreite ich zum Andenken an den großen Epikur, der mein Gott ist, meine Mahlzeiten mit diesem Brot und diesem Wasser.«

Aus dem Bankett wurde ein Tumult. Man muß wohl annehmen, daß Gedanken nicht weniger berauschen als Wein. Nie sind es Christen, Stoiker, Epikureer müde geworden, Pamphlete mit doppelter Spitze zu schreiben, in denen die beiden feindlichen Sekten des Unwissens, der Lüge, der Leichtgläubigkeit und des törichten Stolzes überführt wurden. Niemand kam auf die Idee, das Stück Brot und das klare Wasser als den klarsten aller Beweise anzusehen. Über die menschliche Erfahrung, über den Weisen und über die Mahlzeit des Weisen gab es nie den geringsten Zweifel. Und nie ist ein Einsiedler zum König gegangen, um von ihm das Geheimnis des Glücks zu erfahren; vielmehr wollten alle Könige der Welt den Weisen um Rat fragen, und einige endeten freiwillig bei trocken Brot und Wasser. Das Kloster und der Rosenkranz sind ebenso weltweit verbreitet wie der Bogen und die Windmühle. Es ist bewundernswert, wie weit Religionen und Gebete unabhängig sind von der Vorstellung, die man sich von Gott macht.
Auch der absolute Skeptiker trägt sein Stück Brot und seinen Krug Wasser herbei. Von den Fakiren Indiens lernte Pyrrhon, Ordonnanzoffizier im Generalstab Alexanders, daß man keiner Sache eine besondere Bedeutung beimessen dürfe. Denn dieser Traum der Welt ist der Traum eines Kranken, der in Erregung gerät, um zu begehren; man muß also nur gleichgültig sein und unbewegt bleiben, auf daß der große Schlaf des Todes uns mitten im Leben umfängt; und eben das ist das Beste, weil es das Wahre ist. Denn es gibt eine Wahrheit des Skeptikers, die darin besteht, daß nichts wahr ist, und daran hält er dogmatisch fest. Es gibt also nur eine Tür; und wer denkt, geht durch sie hindurch. Alle diese Wassertrinker sind Kontemplative; von dieser großen Welt und von diesem kleinen Menschen haben sie die Idee dessen entlehnt, was sie sind und was sie nicht sind. Und da wir nicht ohne Postulate oder Hilfsideen denken, haben die einen das Atom zugrunde gelegt, die anderen die Seele und wieder andere den bloßen Schein, von wo sie ausgehen in dem Bemühen, sich selbst treu zu

bleiben. Weshalb sie vor allem die Ursachen fürchten mußten, die unser Denken in die Irre führen, wie etwa die Trunkenheit des Weins und die törichten Leidenschaften. Zu allen Zeiten hat man Weise oder Heilige und Vorbilder diejenigen genannt, die alles von sich fernhielten, was nicht ihr eigentliches Denken war. Aber nach dieser weltweiten Ansicht kann es wohl sein, daß es in jedem Menschen so etwas wie ein Kloster gibt, so etwas wie einen Einsiedler, der mehr Dinge verachtet, als man meint. Sogar Napoleon sagte, nachdem er alles verloren hatte: »Sie sehen einen Menschen, der keinem Ding nachtrauert.« Und vielleicht kann sich kein Mensch zur Macht aufschwingen als durch dieses geheime Urteil, daß er nichts nachtrauern wird, wenn er es verliert. Das ist das universelle Maß; das ist die furchtbare Nacktheit. In jeder Macht werden Sie diese Reserve finden: ein Stück Brot und einen Krug Wasser in irgendeinem Winkel.

1. Mai 1932

Der Mensch ist ein wahrer Teufel. In dem Augenblick, da Sie glauben, ihn zu fassen, ihn, das heißt seinen lieben Geist, ist er tausend Meilen weit weg; oder wenn Sie glauben, er wäge Ihre Gründe ab, macht er sich vielleicht lustig über die Form Ihrer Nase. Ich höre manchmal sagen, daß man Stimmen kaufen kann; das ist ein Vorurteil, das aus einer Zeit stammt, wo es leicht war, den Stimmzettel bis zur Urne zu verfolgen; immerhin ist es so, daß Zwingen oder Kaufen nicht Überzeugen ist. Wenn der Mensch nachgibt oder gehorcht, ist er oft auf der Hut und verschanzt sich. Was weiß der Minister von seinem Amtsdiener? Noch der treueste Diener behält es sich vor zu belauschen, zu beurteilen, zu verachten; zumindest ist er Spion zu seinem eigenen Vergnügen. So fühlt der Ehrgeizige sich von allen Seiten verraten, wenn er nicht völlig dumm ist. Und warum sollte er dumm sein? Ich glaube nicht, daß es Dumme gibt. Der Mensch, der eine Dummheit sagt, hält sich weit hinter ihr und vielleicht willentlich hinter ihr versteckt. Noch der geringste Bauer gibt in einer vorsichtigen Diskussion, in der sein Geld auf dem Spiel steht, zunächst alberne Redensarten von sich, in deren Schutz er nachdenkt; oft, wenn Sie glauben, alles sei bewiesen und gewonnen, entdecken Sie, daß die eigentliche Diskussion erst begonnen hat. Der Mensch entflieht, Sie herrschen nur über den Schatten.

Nur der Tyrann beklagt sich darüber, und doch hat er nicht das Recht, sich darüber zu beklagen, er, der so schnell vom Überreden zum Zwingen übergeht, er, der das Spiel des Furchteinjagens spielt und der doch geliebt sein möchte. Der Tyrann, das ist jeder von uns, sobald er die Geduld verliert und, sagen wir, die Achtung vor dem freien Teil des anderen, der ihm verborgen und entzogen ist. Es ist der Liebende, der sich auf ein Versprechen beruft; und gewiß ist ein Versprechen etwas Schönes und Heiliges; wer aber im Namen des Versprechens fordert, der annulliert das Versprechen; sobald Sie zwingen, und sei es nur ganz wenig, haben Sie nur noch den trägen Körper, haben Sie nur noch die Hülle, und das ist alles, was Sie verdienen. Undankbarkeit kommt daher, daß man ein wenig übereilt an dem Zugeständnis zieht wie an einem Seil. Dann geht es darum zu wissen, ob das Seil stark ist und ob Sie stark ziehen; der Undankbare folgt; es gibt nichts Einfacheres, als der Gewalt nachzugeben, und jeder hat das erfahren; aber der freie Teil in ihm hat sogleich all seine Rechte zurückgenommen, während Sie seine Hülle mit sich ziehen. So verliert der Tyrann immer wieder. Man weiß, wie Napoleon verraten wurde, nicht nur einmal, sondern immer wieder. Die berühmte Verschwörung Mallets wäre beinahe gelungen; alle Getreuen wandten sich im Nu der anderen Macht zu. Napoleon konnte sich darüber nicht beklagen, er, der so gut zu zwingen wußte. Seine Art zu überreden war prompt und bewundernswert; er selbst bestimmte die Fragen und die Antworten; daher waren ihm die Menschen zutiefst verborgen. Ich entdecke hierin eine andere Tatsache, die bemerkenswert ist, nämlich die Treue der Soldaten; der Soldat trägt ein geladenes Gewehr, und deshalb steht er auf dem Punkt von Verzweiflung und Mut, wo keiner ihn zwingen kann. Der Tyrann ist den Garden ausgeliefert; daher eine willentliche Sklaverei, die der Ursprung aller weiteren ist. Der Grund für die Treue der Truppen liegt in ihrer unwiderstehlichen Macht. Ihr vertrauter Chef ist mitten unter ihnen mit bloßer Flanke. Sie schlagen niemals auf diesen so offensichtlich entwaffneten Mann ein. Sie wissen also nicht, wohin sie schlagen sollen in diesem Zustand der Ungeduld und des Zorns, der so natürlich ist; entgelten muß es der Feind.

Descartes floh weit weg, ich will sagen, daß er sich in sich selbst zurückzog und alles in Frage stellte, sogar seine liebsten Gedanken, sogar sein kostbares Wissen, selbst den Gott, zu dem er betete; selbst den Gott, den er fürchtete; vor allem den; denn von dem, wer immer es auch sei, den ich fürchte, kann ich nichts glauben. Ein Mensch verachtet seine Furcht, selbst wenn er ihr nachgibt. Ein Mensch verachtet alles, dem er nachgibt; nicht nur Descartes, sondern jeder Mensch. Descartes, dieser Soldat aus freien Stücken, hat es ganz unverblümt zu sagen gewagt zum großen Schrecken der Theologen, aber mit Zustimmung der Theologen. Ich glaube, daß das Eigentliche des menschlichen Dramas in dieser Begegnung liegt; denn jeder schätzt die geringste Freiheit höher als alles andere, selbst wenn sie sich gegen ihn richtet. Das ist das Schicksal dessen, der es schätzt, wenn man nur das Freie achtet und so jeder Macht entsagt. Der Ehrgeizige möchte keine erzwungene Achtung; was er will, ist die Zustimmung eines freien Menschen. Ebenso ist es das Schicksal eines Reichen, nur dem Wert beizumessen, was er nicht kaufen kann. Diese feinen Unterschiede haben zweifellos Descartes erleuchtet, als er in der Freiheit den Teil des Menschen erkannte, der Gott ähnelt. Daraus geht hervor, daß die erklärte Feindschaft oft eine verborgene Freundschaft verdeckt. So wird die tiefste Bosheit gerettet, wenn Gott frei ist. Und wenn Gott nicht frei ist, gibt es keinen Gott. Solcher Art sind die zutiefst verborgenen Spiele der privaten Theologie, die alles in allem nur das Wiederkäuen des unbezähmbaren Geistes ist. Ein Wiederkäuen, das nur wenig bekannt ist und das immer zum Gegenstand die Freiheit hat, die als ein Attribut Gottes angesehen wird. Dieses innerste Nachdenken ist eine Art Gebet, das uns ziemlich vertraut ist und das man an die Freiheit richtet im Namen der Freiheit. Dieses Paradox findet sich in all unseren Weisen und in allen Heiligen, nämlich nichts zu achten, und zwar genau aus der Achtung vor der Achtung.

Mai 1932

»Gegen moralische Beschwerden Champagnerwein.« Diese zynische Maxime stammt von Stendhal; ich verachte sie ebenso wenig wie eine Medizin; es ist weniger umständlich, ein Beruhigungsmittel zu nehmen, als Schmerzen zu ertragen. Und wem ist es nicht schon vorgekommen, sich Mut anzutrinken mit zwei Glas Schnaps? Desgleichen gibt es keinen Zorn und keinen Enthusiasmus, der einen Aderlaß überlebt. Und die Diät von Brot und Wasser beruhigt die politischen Leidenschaften. Man weiß, daß übermäßige Arbeit den Gedanken wenig Raum läßt. Von dieser Seite her ist der Mensch leicht erziehbar. Und ich sehe nicht ein, warum man nicht ein leichtes Fieber mit Heilmitteln behandeln soll, wenn man kann.

Dennoch wagt Descartes, dieser Meister des Mutes, in seinen unsterblichen *Briefen an die Prinzessin Elisabeth* zu sagen, daß schleichendes Fieber als Hauptursache ein wenig zu viel Aufmerksamkeit haben könne, die man gewissen Verdrießlichkeiten schenkt, und ein wenig zu viel Selbstgefälligkeit, ihre Stachel zu erforschen. Diese sehr gelehrte Naivität der Leidenschaften, die uns des langen und breiten unsere kleinen Mißgeschicke durchlaufen läßt und nachforscht, ob wir auch nichts vergessen haben von dem, was sie verstärken könnte, ähnelt ein wenig zu sehr dem hellen Wahn, der seine Gedanken mustert, statt sie zu ändern. Aber Descartes, darin ganz im Stil Ludwigs XIII., hatte die Absicht, groß zu leben, statt seine eigene Vernunft in seinem Nachbarn zu suchen, geschweige denn in seinem Arzt. Descartes muß man gründlich verstehen. Denn die Pflicht, seine Gedanken zu regieren, ist in seinen Augen der Geist selbst und die Pflicht gegenüber dem Geist. Seine ganze Metaphysik hat den Geist eines jeden zum Gegenstande, den er treffend den göttlichen Geist nennt. Es geht also darum, seine Gedanken königlich zu regieren, und das ist nicht nur das Spiel eines subtilen Analytikers, das ist ganz genau die

Methode des Geometers und des Physikers. Schwierig in diesen formalen Gedanken, diesen Theoremen ist, die Begriffe gegen jedes Eindringen der Erfahrung abzusichern. Denn das Quadrat besteht nur durch mein Dekret; in sich selbst ist es kein Quadrat, ist es nichts. Was an sich ist, der Gegenstand, den ich mir gebe, ist immer nur Objekt. Und in dieser Hinsicht überreden sich die Geometer zuweilen, daß sie etwas nach dem gezeichneten Objekt und der geschriebenen Formel begreifen können; nun, dem ist nicht so. Die Einbildungskraft ist nur ein Hilfsmittel für den Verstand, und das nur unter der Bedingung, daß sie beherrscht wird. Man muß also die Intuition abweisen, die ja nur Sinn hat durch die Ordnung und die Erinnerung an die gewollten Begriffe. Darüber sich hinwegzumogeln, hat der Mensch kein Recht, sein Geist ist ihm anvertraut. Diese stolze Methode ist ein wenig zu sehr in Vergessenheit geraten, und man sieht viele eingebildete Kranke, ich meine solche, die wirklich krank sind, aber durch die Wirkung einer nicht disziplinierten Einbildungskraft. Ich vermute, daß ein schrecklicher Traum, der oft wiederkehrt, einen Menschen in Verzweiflung stürzen kann. Aber Descartes erzählt uns, daß er durch seine Vorsicht, die Ereignisse immer von der besten Seite zu sehen, dahin gelangte, nur noch vernünftige Träume zu haben. Tatsächlich ist es schon sehr kostbar, wenn man in den gesellschaftlichen Beziehungen eine gute Absicht statt einer bösen annimmt; das kann man immer. Und das heißt so viel, wie daß wir unseren Gedanken nicht gestatten dürfen, daß sie sich unserer bemächtigen. Einer unserer guten Latinisten von vorzüglichem Urteil über Cicero und Tacitus war so weit gekommen, daß er nur noch an Bazillen dachte, was ihm durch eine indirekte Folge den Tod einbrachte; denn er war erst beruhigt, wenn er seinen Fuß auf die höchsten Gletscher setzen konnte, wo er schließlich starb. Diese Geschichte, die ganz nach dem Geschmack der alten Fabeldichter ist, beweist, daß man nicht auf eine Sache starren, sondern daß man, wie Descartes des öfteren sagt, niemals die Tyrannei eines Gedankens empfinden darf, ohne sogleich den ganz entgegengesetzten Gedanken zu entwickeln. Wie wir, wenn wir zum Beispiel an unseren Feind denken, immer sehr auf die Tugenden achtgeben müssen, die er haben könnte; denn dieser Gedanke stellt sich nicht von selbst ein. Wer sich in dieser Weisheit übt, wird erstaunt sein über die Wirkungen. Mein Leser mache nur einmal täglich das Experiment, während er sich das Gesicht wäscht, das regt das Denken an; er wird sich nämlich auch den Geist waschen.

Das heißt, daß das Denken eines Systems, das in sich selbst vernünftig ist, den Geist jedoch weder erfüllen noch ganz beschäftigen darf. Und ich rate, auch der entgegengesetzten Idee zu folgen, nach der die Nahrungsmittel fast alle dieselbe Zusammensetzung und dieselbe Nährkraft haben; und ich füge hinzu, was auch in die Medizin gehört, daß selbst das Vergnügen des Schmeckens beim Essen gut ist für die Gesundheit. Diese Idee kann übertrieben werden wie alle; es ist nämlich keine Idee für sich allein wahr. Es kann passieren, daß Fliehen das weiseste Mittel ist; wenn aber diese Idee tyrannisch wird, dann raubt sie den Mut, was wegen anderer Wirkungen sehr schlecht ist. Und wenn Sie einen Prozeß führen, vergessen Sie nicht, für den anderen zu plädieren. Ich habe beobachtet, daß bei denjenigen, die eine bestimmte Lebensweise aus Furcht befolgen, diese Furcht bewirkt, daß sie krank werden, wenn sie sich erinnern, daß sie sich haben verleiten lassen, ein Gericht zu essen, das sie für schädlich halten; man weiß, daß Furcht eine Krankheit ist, deren Anfälle uns im Gedärm packen. Ich schließe daraus, daß es einer gewissen Gleichgültigkeit hinsichtlich solcher Dinge bedarf. Ebenso wie die beherrschende Idee einer Abhängigkeit uns an uns selbst verzweifeln läßt, was ganz schlecht ist. Die Gefahr der menschlichen Lage besteht darin, daß unser freier Wille nur von uns abhängt und daß somit jede äußere Hilfe die Gefahr mit sich bringt, daß wir das Wesentlichste unserer selbst vergessen. Gewiß, ein Schlemmer ist verächtlich; aber die Feinschmeckerei aus Furcht bekämpfen, heißt darunter stehen. Man muß darüber stehen. Der

König kann durch eine Verschwörung einmal getötet werden; aber der Argwohn tötet den Tyrannen zwanzigmal; er selbst richtet den Dolch gegen sich.

Dezember 1932

Wenn man sagt, jemand sei heftig, meint man damit, er wisse sein Handeln nicht zurückzuhalten; zum Beispiel einen Fußtritt oder einen Stockhieb. Wenn man sagt, er sei nervös, bringt man, scheint mir, zum Ausdruck, daß er die Zeichen nicht zurückzuhalten weiß. Und die Zeichen sind von zweierlei Art; die einen sind Handlungsansätze, wie etwa mit den Zähnen knirschen, sich auf die Lippen beißen, die Fäuste ballen, mit dem Fuß aufstampfen; die anderen sind physiologische Wirkungen einer Gefühlsaufwallung, wie etwa Erblassen, Erröten, Schweißausbruch, Tränen, Zittern und andere dieser Art. Der Nervöse unterscheidet sich vom Heftigen dadurch, daß er, weit davon entfernt, anderen zu schaden, sich ihnen mehr entblößt, als gut ist, und sich ermüdet und selbst erregt, bis er unterlegen ist, wenn der Augenblick des Handelns gekommen ist. Unruhe, Erregung, eine gewisse Angst ohne jedes Motiv charakterisieren den Nervösen.

Zurückhaltung ist es, was sich am direktesten diesen maßlosen Äußerungen entgegenstellt; und die Hauptsache jeder Erziehung besteht darin, dieses Vermögen durch Übung zu stärken, denn es ist klar, daß derjenige, der die Zeichen nicht zurückzuhalten vermag, in erster Linie unhöflich ist, vor allem, wenn die Zeichen keinen Sinn haben; es ist unhöflich zu zeigen, daß man sich lustig macht, aber es ist noch viel unhöflicher, ohne jeden Anlaß zu lachen. In Ermangelung einer äußeren Disziplin muß man sich also selbst beibringen, die Unbeweglichkeit der Gesichtszüge, die Unbeweglichkeit der Hände, der Beine, der Arme zu bewahren, wie man es beim Militär lernt, ohne lange darüber nachzudenken. Ich habe gute Gründe zu glauben, daß diese direkte Methode mehr wert ist als ein Einwirken auf die Gedanken. Zum Beispiel ist es viel leichter, sich Unbeweglichkeit aufzuerlegen, was die Gedanken einschläfert und zum Schlaf führt, als zunächst die aufgestachelten Gedanken zu beruhigen, die uns belästigen wie Fliegen; denn man kann sagen, je mehr man an Gedanken denkt, desto mehr versetzt man sie in Unruhe. In Wahrheit ist die Aufregung niemals in den Gedanken, sondern findet sich stets in der nervösen Erregung, die unser Blut und unsere Gebärden in Bewegung setzt. Zur Ader lassen ist besser als räsonnieren, und Stendhal sagt ganz recht von seinem Helden Fabrice: »Die Menge Blut, die er verloren hatte, hatte ihn von dem schwärmerischen Teil seines Charakters befreit.« Nur schwächte ihn dieses Beruhigungsmittel wie Opium, und es geht darum, über sich zu verfügen, ohne sich zu schwächen.

Es wird gut sein, sich mit dieser Idee vertraut zu machen, die ich soeben ausgesprochen habe und an die die Leidenschaftlichen nicht glauben wollen, daß nämlich die nervöse Erregung keineswegs von Gründen abhängt, sondern daß im Gegenteil die Gründe dafür, daß man sich erregt, nur durch die lästige und ständige Bewegung der Zeichen zur Wirkung kommen. Zum Beispiel hat der Prüfling Angst wegen all dessen, was er nicht weiß, und glaubt schließlich, er habe alles vergessen; dennoch bin ich überzeugt, daß das Heilmittel für diese Unruhe, die zu dem Zeitpunkt nutzlos und sogar schädlich ist, darin liegt, einen Zustand körperlichen Gleichgewichts zu finden, sei es durch Tätigkeit oder Ruhe. Jemand hat mich darauf aufmerksam gemacht, was alle in weniger als einer Woche erfahren können, daß man sich nämlich, wenn man im Auto fast aufrecht sitzt, als stelle man sich darauf ein, bei jeder Unruhe aufzuspringen, ständig in einer Art Furcht befindet, die daher kommt, daß man sich darauf einstellt zu handeln, ohne daß man überhaupt handeln kann. Nun richten Sie sich auf Ruhe ein, das heißt fast liegend und ganz entspannt, und Sie werden sogleich zur Gleichgültigkeit übergehen; und es ist klar, daß die Gleichgültigkeit, sobald die Erregung nichts nützen kann, am besten ist. Und deshalb hat Höflichkeit, die fast nichts anderes als eine erlernte Gleichgültigkeit ist, so viel Bedeutung für Erfolg und Glück. Sie stellt einen nicht nur darauf ein, den anderen zu gefallen, sondern sie stellt uns sogar auf Ruhe ein.

Ich möchte annehmen, daß die äußerste Ermüdung, die oft auf den großen Verhandlungen lastet, hauptsächlich aus einem Fehler der Erziehung kommt. Der Naive ist gereizt, wenn er einen Langweiligen anhört; der wohlerzogene Mensch hört überhaupt nicht zu und ergreift oft die Gelegenheit einer verworrenen Rede, um sich ein wenig auszuruhen. Glücklich also die Phlegmatiker; aber ich meine, man muß sich zum Phlegmatiker machen, wenn man keiner ist. Und ein gutes Mittel zu diesem Zweck besteht darin, sich ein Vorbild unter den Leuten zu wählen, die einer Sache niemals erlauben, sie wider Willen zu interessieren. Es ist das Schicksal der Selbstgefälligen, lächerlich und zuweilen sogar verhaßt zu sein, woraus aber der Weise eine Lektion lernen kann; denn man wird sehr schnell bemerken, daß der Selbstgefällige einen ungeheuren Vorteil vor den meisten Menschen hat und auf sie dadurch so etwas wie Faszination ausübt, und zwar dadurch, daß man nie weiß, wie man denn seine Aufmerksamkeit wecken könnte. Was Ihnen gestatten wird, ein wenig rechtmäßiger Selbstgefälligkeit durch Nachahmung zu borgen, das heißt ein gewisses Vermögen, sich über die augenblickliche Empfindung zu erheben. Auf diese Weise wird derjenige, der Ihre Gedanken durch irgendeine Neuigkeit oder einen ganz unerwarteten Vorschlag in Unordnung zu bringen sucht, sehr überrascht sein zu sehen, daß Sie das Unvorhergesehene hinausschieben können und sich darüber nur erregen, wenn Sie es sich erlauben. Nichts ist wichtiger in Verhandlungen, und alles ist Verhandlung.

September 1934

Hätte ich über die Kunst zu schreiben, ich würde den Nachdruck darauf legen, daß Kunst eine Weise des Tuns, nicht aber eine des Denkens ist. Dieses Merkmal fällt am stärksten in die Augen und ist doch fast ganz vergessen. Denn gewöhnlich diskutiert man über den Plan eines Werkes und überlegt, was der Künstler sich vorgenommen, um es mit dem zu vergleichen, was er verwirklicht hat. Gewiß gibt es kein Werk ohne Entwurf; was aber am Werk Kunstwerk ist, hängt allein von der Ausführung ab und erscheint dem Künstler nur während der Ausführung. Man wird schließlich wissen, daß es keine schönen Themen für den Romanschreiber gibt. Er ist nämlich in den ganz gewöhnlichen Partien ebenso ausgezeichnet. Gewiß muß man ein Thema haben, damit der Geist nicht umherschweift und der Künstler sich die Pfeile der Kritik erspart. Aber selbst wenn diese Vorsichtsmaßnahme getroffen ist, ist noch nichts schön. Man muß sich so ans Schreiben begeben, daß ein Wort das andere ruft, nicht so, daß eine Idee die andere ruft. Wobei sich Zufälle einstellen, die nicht weit vom Kalauer entfernt sind. Wenn es die Reime sind, die das Gedicht regieren, so kann man wohl sagen, daß man sich dagegen in der Prosa darauf verlegt, Echos und Anklänge zu vermeiden, und eben das setzt voraus, daß man darauf achtet; und oft führen leichte Richtungsänderungen zu einer Entwicklung, die nicht vorgesehen war. Soll man ihr folgen? Soll man umkehren? Hier tritt das Urteil des Schriftstellers in Kraft, das in der Tat nur während der Ausführung seinen Platz hat. Aber nicht alles ist Zufall, denn es gibt zwischen den Worten noch andere Verwandtschaften als den Klang; es gibt die festen Verbindungen, die versteckten Metaphern, Verknüpfungen, die schon von anderen Autoren oder durch allgemeinen Gebrauch feststehen. In dem Zustand der Inspiration, wie er der Prosa eigen ist, laufen die Worte voraus, warten, bieten sich an; weist man sie ab, stellen sie sich wieder ein. Und gewiß kann kein Plan mit diesem Gefolge von Worten im voraus rechnen; ein solcher Strom setzt voraus, daß man schreibt, und was bereits geschrieben ist, bewirkt viel für die Kristallisation dessen, was folgt. Das Paradox der Kunst der Prosa besteht darin, daß man, wenn man nach der Idee schreibt, leicht beim platten Stil landet; wenn man dagegen darauf aus ist, den Worten zu folgen und all dem, was die Sprache anbietet, kommt es manchmal dazu, daß die Idee ihrerseits hervortritt, die dann anders und ganz neu aus einer Regung der Natur hervorgeht. Diese Übereinstimmung ist eigentlich das Schöne. Das Schöne ist eine Art des Wahren, die sich aber jenen entzieht, die das Wahre suchen.

Das Beispiel der Prosa ist vielleicht das schwierigste. Die Malerei ist ihr entgegengesetzt. Denn das Schöne in der Malerei hängt keineswegs vom Gegenstande ab. Ein willkürlich gewähltes Stilleben kann schön sein, zum Beispiel eine Pfeife, ein Glas, ein Buch, ein Taschentuch. Und dagegen kann die schönste Frau der Welt Gegenstand eines erbärmlichen Porträts sein. Die Tätigkeit des Malens ist das einzig mögliche Forschen des Malers. Solange er keinen Versuch gemacht, solange er keinen Farbtupfer gesetzt hat, müht sich sein Denken im Leeren ab, und seine Einbildungskraft täuscht sich durch ein Nichtsein, das immerfort etwas verspricht. Wohingegen auf den Farbtupfer das Urteil sofort anspricht und das Porträt sich, ausgehend von einer Farbzelle, formt. Das kann nun gut oder schlecht ausfallen, denn diese Methode kann ins Dunkle oder ins Graue führen oder in eine Grellheit ohne jede Naturtreue; aber an dem Tag, an dem sich das, was man tun wollte, übertroffen findet durch das, was man getan hat, ist das Schöne da.

Die Musik läßt uns noch weniger Spielraum, denn die Regeln der Fuge und des Kanons sind an sich ganz ungeeignet, zum Schönen zu führen. Was an der Musik schön ist, ist der bewundernswürdige unvorhergesehene Regen, der weder aus den Regeln noch aus dem Plan kommt, sondern zutiefst aus der wirklichen Ausführung, dem wirklichen Gesang, der sich schließlich einen Weg gebahnt hat, und physiologisch das, was einen wunderbaren Einklang hervorbringt zwischen Gefühl und Ausdruck. Im Schönen ist also alles spontan und gleichzeitig alles strenge Wahl im Anschluß an ein wirkliches Tun, das stets vorausgeht.

Es ist kaum nötig, den Dichter zu erwähnen, denn ganz ohne Zweifel ist er es, der sein Stilleben schafft, für den alles und jegliches schön ist, vorausgesetzt, daß es der Widerhall der Sprache ist, der gleichzeitig den Vers, das Porträt und die Idee hervorbringt. Wohingegen das kalte didaktische Gedicht dasjenige ist, woraus klar hervorgeht, daß die Idee, das Porträt und der Vers gegen die Natur stehen und sie schließlich zum Schweigen bringen. Es ist letztlich nur Wissenschaft, Wissenschaft der Sprache, beobachtende Wissenschaft, Wissenschaft des Reimschmieds. Nach diesen Bemerkungen ist die Inspiration eine Art der Tätigkeit, die den Geist erhellt. Kunst ist letztlich ein Tun, das den Gedanken hervorbringt. Zum Beispiel bringt der Reim den Gedanken hervor, die Hilfsmittel des Maurers den Gedanken. Der Spitzbogen ist schön, wenn er gemacht und bevor er gekünstelt wird; in der Folge und als Vorhaben verliert er fast und schließlich wirklich alles. Jede Kopie ist häßlich aus dem geheimen Grund, daß hier das Tun sich völlig der Idee unterordnet. Ein kopierter Corot, mag er nicht vom Original zu unterscheiden sein oder fast echt, ist dennoch nicht schön, kann es nicht sein. Ich sage nur, daß er didaktisch ist, und das hat sich der ganzen Materie eingeprägt.

15. November 1935

Ich habe gute Graphologen gekannt, und die Auskünfte derer, die aus der Hand lesen, haben mich oft erstaunt, wie man erstaunen kann über den Instinkt der Tiere oder über die Schläue und Schliche des Jägers. Dennoch ist mir diese Jagd auf den Menschen mit der Absicht, ihn im Netz zu fangen, stets borniert erschienen, wie es Techniken überhaupt sind. Es ist ein weiter Weg vom Jäger, der Spuren liest, bis hin zu Darwin, der nicht weniger dicht an der Erde bleibt, nicht weniger Geduld aufbringt; die gleiche Entfernung wie von greifen zu begreifen. Und ich machte die gleichen Bemerkungen anläßlich der bekannten Methode der Tests; denn in gewisser Weise wird der ganze Mensch darin gefangen; doch scheint mir, daß dieses Mittel des Vermutens und Beherrschens das Verborgenste, das Stärkste, das Gewisseste eines Menschen sich entgehen läßt. Ich möchte kurz sagen, wobei ich dem Leser überlasse, der Idee weiter nachzugehen, daß es kein großartiges Wissen ist, wenn man die Schwäche eines Menschen erkennt und die Gründe, warum man ihm nicht vertraut. Ich habe festgestellt, daß die wirklichen Künstler auf diesem Gebiet, ich meine diejenigen, die wirklich etwas in die Wege zu leiten wissen, sehr viel Vertrauen schenken. Ärzte kennen den Menschen sehr gut; aber sie kennen den schwachen Menschen; darin sind sie begrenzt. Kurz, ich vermute, daß es ein Erkennen ersten Grades gibt, in das man sich nicht einschließen lassen darf. Mit welchen Ideen man sich rüsten kann, wenn man weiterkommen will, das ist es, was ich sagen möchte, ohne mich über die Schwierigkeit des Themas zu verbreiten, denn die versteht sich von selbst.

I

Es gibt mehr als ein Geheimnis bei den großen Philosophen; aber das kostbarste findet man nicht immer dort, wo man es sucht; und wenn man auf die Systeme achtet und auf die Beweisführungen, glaubt man oft, seine Zeit vertan zu haben. Wenn man dagegen mit diesen berühmten Männern Zwiesprache hält, ohne sich viel um das zu kümmern, was sie lehren wollen, bemerkt man, blitzartig, eine Regung des wahren Menschen. Das tritt ganz klar hervor, wenn man Montaigne liest; aber ich bin sicher, daß man ebenso viel bei Platon, bei Aristoteles, bei Descartes, bei Kant findet, wenn man sich bemüht, sie zu lesen, wie man Montaigne lesen muß. Und diese ständige Rückkehr zu den berühmten Denkern ist das, was einen vor allem vor dem methodischen Vorgehen bewahrt und vor der kurzsichtigen Beobachtung.

Dennoch gestehe ich, daß ich mehr wirklichkeitsgesättigte Begriffe vom Menschen bei den Romanschreibern und Dramatikern gefunden habe und sogar bei den Dichtern. Ich nenne Gobseck und den Pfarrer Bonnet bei Balzac, Besuchow und Karenina bei Tolstoj, Fabrice und Julien bei Stendhal, Othello, Hamlet und den Coriolan Shakespeares, nicht zu vergessen Goethe, nicht zu vergessen den Hugo der *Misérables*, ich gehe sogar zurück bis Homer, der uns ganz natürlich und fast physiologisch die Regungen des Achill, des Ajax und des Odysseus zeichnet. Aber so wie der Philosoph uns durch Zufall sagt, was er letztlich denkt, so verbergen uns auch Romanschriftsteller und Dichter ihren Schatz, und zwar aus entgegengesetztem Grund, weil sie nämlich mitgerissen werden von der Erzählung und weil sie über die Kunst verfügen, den Leser mitzureißen. Das Mittel, sich zu belehren, besteht hier, soweit ich weiß, darin, immer wieder zu lesen. Die Zeit dazu findet man, wenn man sie der Zeitungslektüre und dem Kartenspiel abzieht. Die Kunst ist lang, sagt das Sprichwort; und wer sich für die Natur des Menschen interessiert, sollte Geduld lernen bei Pianisten und Geigenvirtuosen, die unablässig ihre großen Komponisten durchspielen. Ich weiß nicht, ob es möglich ist, vernünftig über seinesgleichen nachzudenken ohne diese Vermittlung der Fiktionen. Das direkte Bedenken des Mitmenschen ist schwierig, oft unmöglich, weil sich damit zu viel Interesse, zu viel Laune und zu viel Neigung verbindet. Väter kennen nicht ihre Kinder, noch Kinder ihre Väter. Wer leiht, kennt nicht den Wucherer, noch kennt der Wucherer den, der leiht, obgleich sie aus naheliegenden äußeren Gründen einander sehr wohl kennen; ja, in dem Sinne, wie der Reiter sein Pferd und der Jäger seinen Hund kennt. Das genügt für Pferd und Hund; aber der Mensch verdient Besseres und fordert Besseres; man braucht dazu einen Ansatzpunkt für die Kontemplation und Beziehungspunkte oder Modelle; und meines Erachtens gibt es bloß die großen Künstler, die sie uns liefern können.

Immerhin ist es so, daß diese Lektüren, die ich zwanzigmal wiederaufgenommen habe, mich, wie mir scheint, hauptsächlich auf zwei Weisen belehrt haben. Zunächst habe ich in diesen Lieblingsbüchern kostbare Bemerkungen entdeckt: »Die gleichsam zerstreute Miene, die Aufmerksamkeit verrät«; diese Bemerkung stammt von Balzac und hat mich mehr über die Aufmerksamkeit gelehrt als alle großen Abhandlungen. »Statt von der Zutraulichkeit zur Verschlagenheit überzugehen, hatte ihn das Alter von einem törichten Mißtrauen befreit.« Das sagt Stendhal, der mich aufklärt über so viele junge Menschen, die argwöhnisch und töricht vorsichtig sind, denen man nur schwer einen Rat geben kann und die nicht die schlechtesten sind. Ich könnte nicht den ganzen Bestand solcher Schätze vorweisen; ich weiß sie nicht auswendig, ich notiere sie nicht; wenn ich sie wüßte, wenn ich sie notierte, so wäre das totes Wissen. Meiner Meinung nach ist es eine große Kunst, die allzusehr in Vergessenheit geraten ist, daß man liest, ohne behalten zu wollen, ganz einfach, um sich zu zerstreuen; das nimmt man ganz in sich auf, das nährt und lockert. Das ist das

Heilmittel gegen Zettelkastenwissen, das man zwar nicht ganz entbehren kann, das sich aber nur an der Oberfläche der Wesen bewegt.
Das andere Wissen, das ich der Lektüre entnehme, vollzieht sich in einer Art geregelter Träumerei. Ich denke an die Personen, die mir vertraut sind, ich folge ihnen in ihren Handlungen, ich suche sie zu verstehen; es gelingt mir nicht ohne Mühe. Warum hat zum Beispiel Julien Sorel diesen Pistolenschuß abgefeuert? Ich habe darüber mit einem Freund diskutiert, der sich weigerte, das zu verstehen. Wo liegt hier die Triebfeder? Da muß man dem Autor vertrauen; und es ist immer die Dichtung oder, wenn man will, die Schönheit, die zunächst den Beweis erbringt. Zum Beispiel Hamlet. Ich spüre, daß es da etwas zu begreifen gibt. Daraus kommt eine Art Aufmerksamkeit in Gang, die nichts ersetzen kann. Denn die wirklichen Wesen in ihren Reden und Handlungen sind selten wahr; sie sind ausgeliehen, wie man in der volkstümlichen Sprache sagt; und schlimmer noch, sie verändern, sie löschen selbst aus, was sie als Spur gezeichnet haben. Sie verwischen ihre Spur, wie es Hase und Hirsch tun. Wohingegen die Schöpfungen der Kunst sich stets gleichbleiben; das Nachdenken findet hier einen Halt. Bedenken Sie, daß unsere Überlegungen über unsere Eltern, unsere Freunde, unsere Kollegen immer schweifende Träumereien sind; wir wissen nicht, was unsere Einbildung den Tatsachen hinzufügt. Nichts täuscht mehr als die Beobachtung von Anwesenden. Die Personen eines Romans aber sind abwesend und anwesend zugleich; alle fantastischen Mutmaßungen werden durch die Lektüre auf diese Tatsache zurückgeführt. Ich versuche gar nicht zu beweisen; ich versuche nur ein wenig zu erklären, welchen Anteil die Bücher an der Erkenntnis des Menschen haben. Ich schließe damit, daß ich sage, daß Lektüre, dieses Hegen und Pflegen, von praktischem Nutzen ist für das Regieren, das Organisieren, das Überzeugen und das Unternehmen.

II

Ich komme zur Sache, zur Kenntnis des Menschen nach seiner Gestalt, seiner Gliederung, seinen Organen. Alles, was Anatomie oder Physiologie ist, ist gut; davon kann man nie genug wissen. Dokumente gibt es in Hülle und Fülle, und es ist gar nicht so nötig auszuwählen, vorausgesetzt, man liest von Zeit zu Zeit mit der Feder in der Hand die beste physiologische Abhandlung, und zwar so, daß die Details sich in Beziehung auf die unteilbare menschliche Gestalt ordnen. Wenn ich dennoch einen Rat geben darf, so empfehle ich, sich mit Mißtrauen gegen den Geist der Voreingenommenheit und des Vermutens zu wappnen, die im Arzt oft zusammengehen.

Ärzte interessieren durch ihre reiche Erfahrung, die nie den Kontakt verliert. Dennoch ist es ganz unmöglich, daß man in der ärztlichen Urteilsbildung nicht einen systematischen Irrtum entdeckt, der dem Beruf entspringt. Kranke sind nicht wahr; ein Kranker ist ein Mensch, der mit seiner physischen Umwelt nicht mehr fertig wird und seine eigene Maschine nicht mehr steuern kann; sagen wir, daß er sich besiegt fühlt, zumindest aber beherrscht oder beeinträchtigt durch äußere Einwirkungen. Ein Mensch in einer solchen Lage – und schlimmer noch, wenn er von der Idee einer solchen Lage beherrscht wird – zeigt nicht mehr jene Reserve, jene Kraft, jenen Lebensschwung, der Krieg, Retten, Urbarmachen, Bauen und Erfinden je nach dem, was anfällt, unternimmt. Und ohne Zweifel besteht das Talent des Arztes darin, diesen Teil des Menschen, der den übrigen retten kann, wieder zu erwecken und ihm eine Richtung zu geben; aber es ist nur zu klar, daß ihm das nicht immer gelingt; so wird er denn in der Festung seines Urteils durch die wiederholten Schläge der Erfahrung angegriffen. Und das ist noch viel offensichtlicher bei jenen Ärzten, die sich um die Geisteskranken mühen; denn von allen Formen der Versklavung oder der Abhängigkeit ist die, die vom Denken abhängt, bei weitem die fürchterlichste.

Geschwächte und besiegte Menschen sind keine Menschen mehr; sie sind nicht mehr sie selbst. Für die Unterhaltung rät Spinoza, man solle mäßig sprechen über menschliche Versklavung, Schwäche und Traurigkeit, reichlich dagegen von der Kraft und der Freude. Erhellen wir diese Idee durch ein Beispiel. Ein Mensch, der vom Dach fällt, ist darin kein Mensch mehr; er fällt wie ein Stein. Und deshalb ist es viel gesünder und richtiger, das, was man über Physiologie gelernt hat, in denjenigen Schauspielen und Tätigkeiten aufzusuchen, wo sich der Mensch erfinderisch und stark zeigt wie in den Arbeiten zu Lande und auf der See, in den athletischen Spielen, in den Festen und Feierlichkeiten; denn erst der Triumph zeigt den wahren Menschen, wie erst Bewunderung und Wettstreit, nicht aber Furchtsamkeit und Angst zeigen, wessen ein Kind fähig ist. Und es kommt sehr darauf an, diese Idee immer wieder in sich zu erneuern und zu festigen, weil sie zu denen gehört, die sich in Gesprächen am seltensten einstellen. Wenden Sie sich also ab von Erfahrungen, die den Mut brechen, und zwar nicht aus dem vulgären Grund, daß sie dem Glück entgegenstehen, sondern aus dem viel verborgeneren Grunde, daß sie der wahren Erkenntnis des Menschen nicht günstig sind.

Der andere Irrtum, den ich die Denkungsart des Ahnens nenne, ist viel beliebter und gefährlicher. Er besteht darin, daß man vom Zeichen zur Idee aufsteigt und daß man nach physiologischen Regungen wie Gebärden, Erröten, Veränderungen des Blicks und des Mundes und ähnlichem einen Gedanken überraschen möchte, den der Mensch uns vielleicht verbergen wollte, besser noch, den er sich selbst verbirgt. Man sieht hier das Unbewußte die Szene betreten, das Unterbewußte und die schreckliche Hellsicht desjenigen Menschen, der durch den Menschen hindurchsieht. Ich möchte hier nicht auf die Problematik dieser Lehre eingehen, die sehr subtil ist. Ich merke nur an, daß nach meiner eigenen Erfahrung diese ehrgeizige Methode sich völlig im Imaginären bewegt. Ich möchte wohl das Prinzip annehmen, wonach jeder Gebärde und Regung ein Wechsel in den Gedanken entspricht. Aber da ich feststelle, daß die Gedanken eines Menschen ihm nur sehr ungenügend bekannt sind, solange sie sich nicht auf ein verläßliches Objekt und regelmäßige Arbeit stützen, so versichere ich Ihnen, der Sie äußerer Beobachter sind, daß Sie diese noch weniger kennen, daß Sie tollkühn vermuten, wenn Sie von einem Zeichen wie Bewegungen des Kiefers, des Kopfes oder der Hand, die sich so klar abzeichnen, zu einem Gedanken übergehen, daß Sie dem Schatten statt der Beute nachjagen. Nach meiner Meinung also liegt die Schwierigkeit bei der Beobachtung der Menschen darin, daß man sich vor der Jagd auf Gedanken hüten muß, und sei sie noch so verführerisch, und sich dagegen an die Form der Geste hält und in ihr nach einer rein physiologischen Betrachtung eine Haltung, ein Gleichgewicht, eine Vorbereitung, eine nächste Gebärde, mit einem Wort die Handlung findet. So sind Sie trotz der äußeren Handlungen, die oft die Gestalt verformen, von richtigen Bewegungen umgeben, wie es, so vermute ich, der Bildhauer ist. So urteilen Sie denn über die Menschheit in ihrer Wahrheit, wie es der Bildhauer tut. Und dadurch erkennen Sie schließlich Gedanken in dem Sinne, wie eine Fabrik ein Gedanke ist oder der Parthenon ein Gedanke ist oder ein Haus, ein Garten, ein Acker. Aber ich verlasse mich nicht darauf, daß ich diese schwierige Idee in diesen paar Zeilen aufhellen werde. Folgen Sie also der strengen Arbeit jener Psychologen, die im menschlichen Wesen immer nur das Verhalten bedenken. Wenn diese auch nicht immer darauf verzichten, eine Entsprechung der Bewegungen in den Gedanken zu suchen, so lernen Sie doch zumindest in ihrer Schule, jenen leeren Worten kein Gehör zu leihen, die den Menschen verbergen, und zu warten, bis der wahre Mensch sich zeigt. Wie vor dem Kind, das mit Mienen und Grimassen nur so um sich wirft, können Sie niemals genug warten.

III

Ich schätze das innere Leben weder gering noch opfere ich es; im Gegenteil, ich rette es. Hier muß man wohl achtgeben. Denn das innere Leben wird oft verstanden als ein Vorüberziehen von Gedanken, Meinungen, Gefühlen, vagen Vorhaben, Bedauern, schließlich von leeren Überlegungen, die von einer ständigen Unterhaltung mit sich selbst getragen werden. Nun, diese entschlußlose Träumerei ist so wenig das innere Leben, daß ich es vielmehr für völlig äußerlich halte. Diese schweifenden Gedanken werden in Wahrheit entweder bestimmt durch zufällige Wahrnehmungen, einen Vogel, eine Wolke, ein Wort, das man zufällig aufgreift, oder durch den Mechanismus des menschlichen Körpers, der uns von einem Wort zum anderen trägt, von einer Erinnerung zur anderen, kurz, wie man sagt, vom Hundertsten ins Tausendste, und zwar durch die zufälligsten Beziehungen. Ein solches Denken, das gelenkt wird durch das, was man Gedankenassoziationen nennt, ist weder geführt noch geordnet; es kommt nicht von der Stelle; es führt nirgends hin. Um diesem Karussell nichtgelenkter Gedanken zu entkommen, spielen die Menschen Karten oder lesen, was ihnen in die Hände fällt. Jeder kennt diese Stunden der Schlaflosigkeit, die sich so vergeblich mit einem sklavischen Gedanken beschäftigen. Und die Unglücklichsten kennen etwas Schlimmeres, nämlich die Schlaflosigkeit mit offenen Augen und am hellichten Tage. Nun, die Wirkung eines wirklichen inneren Lebens besteht darin, daß dieses Schauspiel von Gedanken ohne jeden Fortschritt und Beschluß strikt abgelehnt wird. Wie kann man das tun? Die einen sprechen ein Gebet, die anderen rezitieren ein Gedicht; andere wiederum beschränken sich darauf zu zählen. Das heißt, sich einen Widerstand geben. Dieses Heilmittel, das nur den schwachen Geistern ansteht und das nicht immer hilft, richtet uns zumindest auf das wirkliche Denken aus, auf das beherrschte Denken, das immer ein Denken des Objekts ist.

Der schwache Geist macht sich Gedanken über eine bloß vorgestellte Situation; ein Leben, das ganz äußerlich ist, wie ich erläutert habe. Ein kraftvoller Geist stellt nur Überlegungen an angesichts eines Objekts; angesichts der Bodenbeschaffenheit, wenn es darum geht zu bauen; angesichts der Reste eines Feuers, wenn es darum geht, das Ausmaß einer Katastrophe zu erfassen. Jede wirkliche Situation hat das Gute, daß man seine Augen nicht darauf richtet, ohne etwas Verläßliches und Gesichertes zu entdecken, und sei es noch so übel. Dann hört man auf zu träumen, begibt sich ans Wollen. Dem Anschein nach äußeres Leben, in Wirklichkeit aber inneres Leben; denn dann ist es das Innerste des Menschen, welches das äußere ordnet und formt; es ist das Gesetz des Menschen, das sich in die Dinge einschreibt. Kurz, der Mensch ist nur frei und stark im Angesicht des Objekts.
Die Stoiker, die zu den besten Lehrern gehören, besaßen ein klares und ausdrucksvolles Wort, um die Seele oder den Geist zu bezeichnen; sie nannten sie die führende Kraft; ich möchte lieber sagen Steuerung nach einem schönen Wort unserer Umgangssprache. Deine Steuerung, das ist dein inneres Leben. Sobald du dein Tun nicht mehr lenkst, erhebe keinen Anspruch mehr auf die Ehre des Denkens. Beachten Sie, daß der vortreffliche Denker, zum Beispiel der, der kombiniert und rechnet, sich Objekte gibt und sich dem Gesetz der Objekte unterwirft. Nur, da er Herr darüber ist, da er streichen und schludern kann, was ihn auf das sklavische Denken zurückwirft, benötigt er einen doppelten Willen, um in dieser Welt zu segeln und zu steuern, handele es sich nun um Zeichen oder Bilder. Die gewöhnliche Arbeit wie pflügen, bauen, einrichten schenkt unseren Gedanken einen besseren Halt. Glücklich der, der vor sich immer Widerstand und Härte der Welt findet, der Welt, die keine Rücksicht auf ihn nimmt.
Sie nehmen an, ich habe mein Thema aus den Augen verloren; aber nein, ich bin mitten darin. Und ich frage mich, ob der unglückliche Mensch, der denkt und sich dabei im Kreise

dreht wie das Pferd in der Manege, derjenige ist, der sich am besten kennt? Ich antworte, daß er sich vielmehr über sich täuscht. Leidenschaft ist ein fortwährender Irrtum über sich selbst, über das, was man weiß, über das, was man glaubt, über das, was man erhofft, über das, was man vermag. Tolstoj gehört zu jenen Autoren, die uns lehren können, was es heißt sich zu finden. Nur indem man sich ans Werk begibt, entdeckt man, was man will, was man liebt, was man weiß, mit einem Wort, was man ist. Ein anderes Mittel gibt es nicht. Es gibt auch kein anderes Mittel, andere zu beurteilen. Zum Beispiel sagt man oft, man müsse das Kind kennen, wenn man es unterrichten will; ich dagegen sage, daß man das Kind unterrichten muß, wenn man es kennenlernen will. Und was dieses dumme Nichtwissen angeht, das ganz von Furchtsamkeit mißbildet ist, was diesen armseligen Zustand angeht, in dem man sich befindet, wenn man träumt, statt sich an die Arbeit zu begeben, dem muß man ein Ende setzen; das ist nichts; das hat man alsbald völlig vergessen. Wir versuchen zu gern, einen prüfenden Blick auf Fähigkeiten an sich zu werfen; von allen Gedanken ist das der leerste. Erlerne die Geometrie, und ich werde dir sagen, ob du Geometer bist. Einer der verbreitetsten Fehler besteht darin zu suchen, was dem Kind gefallen könnte. Nach zehn Jahren Studium weiß ich, was ihm gefällt, weiß es, was ihm gefällt. Durch die Arbeit wird es sich selbst erkennen. Und im Grunde glaube ich, daß jede konsequente Arbeit eine Fähigkeit hervorbringt. Man hofft aber, sich zu kennen, bevor man überhaupt einen Versuch unternommen hat. Daher findet man denn diese tristen Gestalten, die von einem Handwerk zum anderen überwechseln und sich für keins begabt finden. Es kommt ganz selten vor, daß man sich nicht für ein Handwerk begabt findet, das man ausübt; jedenfalls ist man wirklich begabt nur für das Handwerk, das man ausübt. Hoffen und glauben vor der Erprobung; aus Hoffen und Glauben den Beweis erbringen; schließlich von sich und anderen immer ganz methodisch Mut und Kraft annehmen, darin liegt die menschliche Triebkraft. Die Erkenntnis des Menschen geht also immer vom Höheren zum Niederen.

So ist denn der Glaube eine positive Idee; und Glaube ist nichts anderes als Optimismus; wohlverstanden ein Optimismus, der dem Willen untersteht, und nicht ein Optimismus, der sich dem Zufall anheimstellt. Schlichte Menschen, zumal wenn sie gemäß der Einbildungskraft leben, erteilen uns hier eine Lehre, die es zu verstehen gilt. Unter tausend Formen und unter dem Namen Religion sehen wir, daß der Mut sich einen Gegenstand gibt und dazu Beweise. Doch ob es um ein zukünftiges Leben, die Zukunft der Menschheit, die Herrschaft der Vernunft und der Gerechtigkeit geht, der Gegenstand ist immer nur imaginär, und der Mut ist es, der alles trägt. Anders gesagt, der Wille ist seinem Begriff nach so beschaffen, daß er sich selbst den Beweis liefert. Man muß an sich glauben; ohne diesen ganz zweckfreien Ausgangspunkt würde auf der Welt nichts unternommen; das wissen alle Praktiker. Schaut man aber genauer hin, so entdeckt man, daß es ohne die Entscheidung, über alle Beweise hinaus und sogar gegen die Beweise etwas zu wagen, weder einen Gedanken noch eine Meinung, noch eine Träumerei gäbe; so daß das Gewebe der Psychologie sich völlig auflöst, wenn man nicht als erste und positive Realität ein Vermögen ansetzt, das allein von dem eigenen Entschluß abhängt. Wenn man, was man gern tut, die Schwierigkeiten zusammenträgt, die dieses Postulat mit sich bringt, so begeht man den Fehler, über andere nicht weniger unlösbare Schwierigkeiten hinwegzusehen, die sich stellen und uns bedrängen, wenn wir versuchen, dieses unmeßbare Vermögen zu verneinen. Und selbst wenn man annimmt, daß theoretisch alles gleich ist, so bleibt doch die Dringlichkeit des Wollens, die sich jedem Menschen stellt, sobald er anderen oder sich selbst helfen will. Jedes Gut, jede Regel, jede Formel, all das ist gleichsam tot für einen Menschen, der nicht mehr an sich selbst glaubt. So besteht der erste und zweifellos einzige Rat darin, in einem niedergeschlagenen und besiegten Menschen diesen

Ansatz des Willens zu wecken. Das ist die Quelle des Guten. Aber wie soll man einen Menschen zu sich erwecken, wenn er nicht mehr an sich glaubt? Und wie soll man ihm glauben, wenn er nicht zunächst an sich selbst glaubt? Ich lege allen Nachdruck darauf, daß dieser Glaube an den Willen selbst ein Stück Wille ist. Es wäre ganz absurd, den Willen in sich zu suchen ohne den festen Willen, ihn auch zu finden. Und weil man in all diesen Dramen zunächst geben muß, hat Descartes die Regung des freien Willens, der auf sich selbst angewiesen ist und auf sich selbst beruht, sehr gut Hochherzigkeit genannt. Ich habe bei einigen Erziehern diese Gewißheit von Kraft, diese Gebärde des Aufbruchs und Hervorbringens festgestellt, die alles von neuem beginnt. Niemals ist die Seele zu entdecken noch zu beschreiben; sie ist vielmehr immerfort herzustellen und wiederherzustellen. Gewiß ist man nicht, was man sein will, aber man ist überhaupt erst etwas, wenn man will. Die Kluft zwischen Wollen und Sein wird immer breit sein; aber statt weniger zu finden, finden wir oft etwas anderes, als wir erwartet hatten; diese Formveränderung hängt von den Dingen ab; und die lernen wir recht bald kennen. Die Sucht des Voraussehens wird nur zu sehr verehrt. Man sieht, daß unter diesem Blickwinkel die Kluft zwischen Theorie und Praxis aufgehoben wird. Besser noch: man muß sie aufheben oder, mit anderen Worten, nur das vollkommene Modell ist praktisch. Das ist die Seele der Religionen.

Ich werde diese Betrachtungen noch klarer machen durch das Beispiel des Gewissensbisses und der Reue. Das eine wird vom anderen getrennt durch den Glauben, das heißt durch die Gewißheit eines neuen Handelns, das unmittelbar möglich und ganz und gar vom Fehler reingewaschen ist. Der Gewissensbiß ist ein viel häufigerer Zustand, als man annimmt; er besteht in der Idee, daß man nichts dazu konnte, daß es immer so sein wird und daß man nun einmal so ist, daß man immer wieder über denselben Stein stolpern wird. Nun, eine solche Annahme erschiene dem Seiltänzer, dem Geigenspieler, dem Redner lächerlich. Eben diese Vorstellung macht er ständig zunichte. Wenn er zuweilen die Verzweiflung erfährt, so entzieht er sich ihr, entreißt sich ihr durch Arbeit. Wie die Stoiker sagten: Kleine Fehler gibt es nicht. All unsere Fehler sind verziehen, wenn wir uns erneut dazu aufschwingen, zu wollen; alle sind unverbesserlich durch die Idee des Unabänderlichen. In Wirklichkeit ist der Verdammte derjenige, der nicht glauben will, daß ihm verziehen wird. So kennt sich genaugenommen der verzweifelte Mensch schlecht, besser, er kennt sich überhaupt nicht; denn diese Art von Nachsinnen läßt einen vernichtet absinken, was die Gebärden der Verzweiflung sehr gut zum Ausdruck bringen.

IV

Vielleicht läßt sich jetzt verstehen, warum ich so viel Mühe darauf verwendet habe, das Physiologische auf seiner Ebene zu lassen als etwas Dinghaftes, ohne es je ins Denken zu überführen. Einen Gedanken im Stein, im Wind, in der Welle zu vermuten, ist der uralte Irrtum, der jedes Unternehmen der Voraussage unterwirft. Es ist derselbe Fehler, und zwar noch viel verhängnisvoller, wenn wir einen Gedanken in jeder Bewegung des anderen und in jeder Bewegung unserer selbst vermuten. Da runzelt jemand die Stirn, nur weil ihm ein Sonnenstrahl lästig wird. Soll ich annehmen, er bedrohe mich? Und dieser Politiker, der nur deswegen ungehalten wird, weil er zu lange gestanden hat. Soll ich annehmen, er sei beleidigt und feindselig? Diese Gedankenansätze ändern ihre Richtung durch sehr einfache Mittel; ziehen Sie den Vorhang vor, bieten Sie einen Stuhl an. Fast alle Dramen der Leidenschaften kommen daher, daß man zu schnell das stärkere Gegenmittel anwendet. Wie bei Kindern wäre es lächerlich zu argumentieren, wenn es genügte zu massieren, zu frottieren, spazierenzuführen. Indem ich so die Zeichen ihrer Würde, Gedanken zu sein, entkleide und sie als Dinge nehme, überführe ich sie in den Bereich der Tätigkeit meines Willens; ich gehe mit dem Menschen um wie mit einem Ding; doch dadurch verachte ich ihn keineswegs; im Gegenteil, ich hüte mich, das, was ihm äußerlich und fremd ist, als etwas zu nehmen, was von ihm kommt. Erproben Sie einmal diese Art von Hochschätzung, die die unwillkürlichen Zeichen degradiert, und Sie werden sehen, daß sich alsbald der Mensch zeigt. Dagegen habe ich festgestellt, daß diejenigen, die zu sehr über Zeichen nachdenken und jemanden wegen Kleinigkeiten verurteilen, unüberwindliche Hindernisse vor sich anhäufen, und das beim geringsten Vorhaben. Diese Verhaltensweise aus Argwohn und Abwehr bringt fast alle menschlichen Übel hervor. Erinnern Sie sich daran, daß die Worte der Kinder, vor allem wenn sie sehr heftig sind, nie ihren wahren Gedanken zum Ausdruck bringen. Vereinfachend möchte ich sagen, daß sie überhaupt keinen Gedanken ausdrücken; es sind bloße Naturlaute. Das soll keineswegs dazu führen, alles zu erlauben; im Gegenteil, alles, was lästig fällt, ist sehr einfach zu verhindern, wenn man keinen Gedanken dahinter annimmt. Rousseau, der in diesem Punkte ganz entschieden ist, sagt in seinem *Emile*, daß man sich dem Tun der Kinder, das schaden könnte, widersetzen muß, doch ohne je zu diskutieren. Die Begründung, die er nicht angegeben hat, liegt darin, daß die Diskussion einen Gedanken hervorbringt, und zwar einen sklavischen, der der unwillkürlichen Regung entspringt. Diese Bemerkungen enthalten fast die ganze Kunst des Regierens.

Auch die Kunst, sich selbst zu regieren, stößt auf dieselben imaginären Hindernisse und dieselben Hilfsquellen. Es handelt sich nur darum, diesen schönen Namen Gedanken für das aufzuheben, was den Stempel der Seele trägt; so sind unsere methodischen Erkenntnisse Gedanken; unsere Neigungen, für die wir uns entscheiden, die wir gutgeheißen haben und die wir pflegen, sind Gedanken; unsere Entschlüsse und das, was wir uns geschworen haben, sind Gedanken; die Reaktionen des Instinkts aber sind keineswegs Gedanken; Müdigkeit ist kein

Gedanke. Das sind Tatsachen der Welt, denen ich widerstehe, die ich bekämpfe oder denen ich weiche, wie ich es immer wieder tun muß im Angesicht der Dinge. Aber eines der entscheidenden Momente der Weisheit besteht darin, sie nicht durch das Tor der Rede und des Argumentierens in die Seele eindringen zu lassen. Um diesen Übergang vom Äußeren zum Inneren, der alle Leidenschaften hervorbringt, recht zu fassen, genügt es zu bedenken, wie der Zorn sich erhebt. Die Ärzte nennen Gereiztheit eine Verfassung unserer Gewebe und Körpersäfte, die so beschaffen ist, daß die Reaktion auf die Reizung uns erneut reizt; dieser Mechanismus stellt sich vergröbert dar in einem Menschen, der sich kratzt, in einem Menschen, der hustet. Nun bedarf es aber zuweilen nur einer schroffen und unbemessenen Bewegung, etwa der wohlbekannten Wirkung der Überraschung, um Zorn ausbrechen zu lassen; das aber heißt, daß die erste Bewegung weitere Bewegungen hervorruft, daß das Herz schneller schlägt, die Atmung sich beschleunigt; und manchmal verbinden sich damit gewohnheitsgemäße Gebärden und sogar Ansätze von Worten wie Flüche und ähnliches. Zu bedenken ist hier, daß dieser Zorn immer gleich auch Gedanke sein möchte und Motive sucht. Man ersieht aus diesem Fall fast immer, daß die ersten Worte zusammenhanglos und lächerlich sind, daß aber die Seele sich alsbald zum Zorn bekennt und ihn als etwas nimmt, was ihr angehört; daher diese redseligen Wortfolgen, die auch den überzeugen, der sie hervorbringt. Durch diesen Mechanismus tragen ein Kind, ein Angestellter das ganze Gewicht dieses Zorns, der dem Zufall entsprungen ist; und wenn sie sich aufregen, dann häufen sich Vorräte und Gründe an für alle künftigen Zornesausbrüche. Ich habe oft angenommen, daß Haß nichts anderes ist als die Erinnerung an eine Folge von Zornesausbrüchen, die dasselbe Wesen zum Gegenstand haben, woraus man eine Art ungebärdiger Hoffnung schöpft und eine Gewißheit, immer wieder gegen denselben Menschen aufgebracht zu sein. Es zeigt sich, was Gedanken anrichten können mit Regungen, die ihrem Ursprung nach vielleicht rein physiologischer Natur waren. Daraus muß man eine Vorsicht ableiten, nur das in Gedanken zu überführen, was seine Quelle im Klarsten, Bestimmtesten und Beherrschtesten unserer Gedanken hat. Hier stellt sich der berühmte Dualismus Descartes' ein, wie er meiner Meinung nach in diesem Weisen war, nämlich als Praxis und als Mittel der Selbstbeherrschung. Eine hochherzige Seele stürzt sich nicht in die Verfolgung rein tierhafter Bewegungen; sie weist sie vielmehr von sich. Weil mir ein Staubkörnchen ins Auge kommt, ist das kein Grund, den Wind zu verfluchen; weil ein Mensch uns, ohne es zu wollen, Angst eingejagt hat, ist das kein Grund, diesen Menschen zu verfluchen; noch weniger aber, diese Verwünschung durch Gründe zu stützen. Im Gegenteil, man muß den menschlichen Körper in seinem Zustand als Körper lassen; man muß diese rein mechanische Abfolge als etwas Fremdes ansehen. Dann entkrampft sich alles und löst sich gemäß der Natur; das Lachen ist nicht fern, das Lachen, das die Lösung all dieser Überraschungen ist und vielleicht die mächtigste Waffe des Weisen. Dieser Zorn also, der in den Krieg zog und einen Feind suchte, ist auf einmal allein, ohne jeden Schmuck von Gründen, ist lächerlich, entwaffnet. Ich möchte von der Melancholie dasselbe sagen, einer zuweilen noch viel verschlageneren Feindin, die sich zudem als Weisheit verkleidet; da muß man an die Quelle gehen und feststellen, daß der Tag zur Neige geht, daß der Wind kühler wird und daß es mehr nicht bedarf, daß jemand diesen Eindruck und diese Stimmung als Poet nimmt und sich zu einer Tirade hinreißen läßt, die er dem *Hiob* oder dem *Prediger Salomo* abgeschaut hat. Es ist nützlich, hier anzunehmen, daß der wahre Dichter nicht immer so traurig ist wie sein unvorsichtiger Leser; denn er übernimmt die Herrschaft über seine traurigen Gedanken, er erlegt ihnen diesen tätigen und beherrschten Rhythmus auf, der seinen Gedanken entspricht, er bildet sie als Objekt und betrachtet sie auf Distanz, und der Leser befindet sich bei dieser Traurigkeit, die in schöner Ordnung daherkommt, wohler als bei seinen eigenen inneren Improvisationen. Goethe und Hugo, um nur diese beiden zu nennen, ertrugen Verzweiflung ziemlich wacker. Aber Rabelais und Molière sind in dieser Hinsicht besser, weniger Komödianten, da ihre Komödie sich auch noch über den Komödianten lustig macht. Nun läßt sich verstehen, daß aller Ernst sich sammeln muß unter dem Zeichen der Tätigkeit und der Freude, damit nichts übrig bleibt, was diese Zufälle beschönigt, die Gedanken sein möchten. Und darin besteht nahezu, was man in der Antike Seelengröße nannte, von der Descartes sagt, sie sei den Modernen zu wenig bekannt. Mein Lehrer Lagneau sagte eines Tages: »Wir haben das Lächeln Platons vergessen.«

Januar 1929

Band I der in der Bibliothèque de la Pléiade gesammelten *Propos* (© Editions Gallimard, 1956) wurden entnommen: Darwins Zauber, Der Pharisäer, Dante und Vergil, Die Märchen, Die Kunst des Schauspielers, Historie und Roman, Der Zorn Achills, Jansenist und Jesuit, Von der wahren Idee, Der ägyptische Gott, Schatten, Denkendes Schilfrohr, Lehrzeit, Treue, Vernunft, Descartes und Spinoza, Liebe und Haß, Poesie, Musik und Tanz, Zwei Gewalten, Fanatismus, Platons Höhle, Reue und Gewissensbiß, Napoleon vor Goethe, Der Olymp, Trocken Brot, Das Tun als Quelle des Schönen.

Band II der Pléiade-Ausgabe (© Editions Gallimard, 1970) wurden entnommen:
Die höchste Tugend des Schriftstellers, Der Fortschritt unserer Gedanken, Zeichen, Von der Metapher, Der Tempel bewegt den Menschen, Musik, Poesie und Prosa, Der orientalische Fatalismus, Die Kunst des Überzeugens, Zwei Religionen, Wort und Gebärde, Allerheiligen, Briand, Das innerste Nachdenken, Descartes als Arzt, Der Heftige und der Nervöse.

Aus dem Band der Nouvelle Revue Française *Vigiles de l'esprit* (© by Librairie Gallimard, 1942):
Zwei Arten von Wunderbarem, Philosophie der Geschichte.

Aus dem Band *Propos sur la religion* (© Presses Universitaires de France 1938) stammen:
Vom Glauben, Theologie der Ehre, Betrachtung, Der neue Gott.

Aus dem Band *Propos sur des philosophes* (© Presses Universitaires de France, 1961):
Von der Ungerechtigkeit, Stoische Frömmigkeit, Das Ver-

mächtnis des Sokrates, Mut ohne Zorn, Hobbes und Spinoza, Dialektisches Denken.

Aus *Propos sur l'éducation* (© Presses Universitaires de France, 1986):
Zweierlei Bildung, Wenn ich Homer lese . . .

Aus *Collection Philosophes: Alain* (© Presses Universitaires des France, 1964):
Über die Kunst, sich und andere zu erkennen.

NACHWORT

Wenn sich Nietzsche den Psychologen unter den Philosophen nannte, wenn Thomas von Aquin der Theologe unter ihnen war, so Alain der Pädagoge unter den Denkern. Das Verfahren der Pädagogik, läßt Goethe in den *Wahlverwandtschaften* Charlotte sagen, sei Abwechslung ohne Zerstreuung. Mit dieser Formel ließe sich vielleicht der Reichtum der Propos bestimmen.

Die Abwechslung ist es, die zuerst ins Auge fällt; denn die hier versammelten Themen reichen von Homer bis Paul Valéry, von Platon bis Darwin, von Sokrates bis Spinoza. Zuweilen also Betrachtungen über Werke der Weltliteratur, und innerhalb dieser schien Alain das Beste gerade gut genug für den Leser. Da aber fast alle Betrachtungen in Ergründungen münden, sieht der Leser sich auf immer neuen Umwegen bereichert zu sich selbst zurückgeführt. »Was Sokrates erwartet, ist, daß der andere endlich er selbst sein soll durch Herrschaft über sich selbst und daß er niemandem glaubt, niemandem schmeichelt, lediglich aufmerksam ist auf die universelle Idee. In diesem Augenblick erkennen sie sich und betrachten sich als gleiche.« Das ist der innere Vorgang der Propos, der hohe Mittag des Pädagogen, die Erfüllung des »ohne Zerstreuung«. Verstehen, ohne sich fangen zu lassen, darin besteht für Alain die Gesundheit des Geistes.

Die Erziehung des Menschen, so glaubt er, geschieht eher nach der Neigung als nach dem Beweis. Daher findet man bei ihm nur selten ein Widerlegen fremder Meinungen. Die menschliche Vergangenheit ist ihm vielmehr voller Wahrheit, doch zuerst voller Schönheit. Das Schöne aber hat die Eigenschaft, »uns geduldig und freundlich zu stimmen, human im tiefsten Sinne«.

Deshalb hat sich Alain ebenso mit Werken der Kunst beschäftigt wie mit philosophischen Systemen, denn er fand bei den

Romanschriftstellern, Dramatikern und Dichtern mehr wirklichkeitsgesättigte Begriffe als bei den Philosophen. Auch zog er wie Descartes den forschenden Zweifel vor: »Jeder kann Platons Doktrin widerlegen, aber wer Platon liest, steht zwischen Glaube und Skepsis.« Alain nahm daher die Ideen als Beobachtungsinstrumente: »Das Wirkliche ist immer überreich, und indem man es durch die Idee hindurch betrachtet, entdeckt man, daß die Idee nicht wahr war; genaugenommen gibt es gar keine andere Entdeckung.« So war ihm denn Lesen ein immer wieder Lesen des Besten und Schreiben ein Ereignis voller Begegnungen.

Alain war nämlich wie Goethe Hypsistarier. »Wir denken nicht, und wir retten einander nicht als durch diese fromme Nachahmung sublimster Augenblicke«, schreibt er in dem Propos über George Sand und die Musik. »Die wahre Geschichte der Menschheit hängt ganz von diesen Blitzen des Gefühls und des Gedankens ab.« Auf solche Weise wird ihm die Menschheit zum Erzieher des Menschen, führen die Humaniora zur Humanitas, die Streifzüge durch die Vergangenheit zum Sich-Finden.

Für Alain war das Denken gegeben in der gebräuchlichen Sprache als eine Frucht der Menschheitserfahrung. Eine Gruppierung von Wörtern gemäß ihrer natürlichen Nachbarschaft war ihm stets ein Ideengemälde. So findet man denn bei ihm weder Jargon noch Neologismen. Über seinen Stil äußert er sich im Hinblick auf seinen Zeitgenossen Valéry. Dieser, sagt er, schäle einen Stock so lange, bis er geschmeidig sei, er dagegen kerbe um die Knoten und Astansätze herum. Das erklärt vielleicht seine Vorliebe für die Ellipse und den Gedankensprung, die der Einbildungskraft und dem Mitdenken des Lesers freien Spielraum lassen; denn er wollte wie Kant keine Philosophie, sondern Philosophieren lehren.

Diese ständige Förderung des Lesers, die auf dessen Freiheit des Geistes zielt, kann man wohl hochherzig nennen. Den ganzen Reichtum aber, den bereits Valéry erkannte, hat Alain vermutlich nur erwerben können dank jener Eigenschaft, die er an der Antike rühmt, der Seelengröße. Sie bildet nicht nur den Schlußstein seines Essais *Über die Kunst, sich und andere zu erkennen*, sie ist auch für seine Propos, was für die mittelalterlichen Bilder der Goldgrund war. Hochherzigkeit und Seelengröße bilden das Koordinatensystem seines Proposschaffens.

Duderstadt, August 1990

Zu dieser Ausgabe

insel taschenbuch 2103: Alain, Die Kunst, sich und andere zu erkennen. Fünfundfünfzig Propos und ein Essay. Auswahl, Übersetzung und Nachwort von Franz Joseph Krebs. Der Text der Ausgabe folgt in unveränderter Form dem Band 1067 der Bibliothek Suhrkamp, Suhrkamp Verlag Frankfurt am Main 1991. Umschlagabbildung: Venus Fauvist Cubist, Tsing-Fang Chen, 1930 (Ausschnitt). Mauritius.

Philosophie
im insel taschenbuch

Alain: Sich beobachten heißt sich verändern. Betrachtungen. Auswahl, Übersetzung und Nachwort von Franz Josef Krebs. Neuübersetzung. it 1559

Augustinus: Bekenntnisse. Lateinisch und deutsch. Eingeleitet, übersetzt und erläutert von Joseph Bernhart. Mit einem Vorwort von Ernst Ludwig Grasmück. it 1002

Francis Bacon: Essays. Herausgegeben und mit einem Nachwort versehen von Helmut Winter. it 1514

Jakob Böhme: Aurora oder Morgenröte im Aufgang. Herausgegeben von Gerhard Wehr. it 1411

– Christosophia. Ein christlicher Einweihungsweg. Herausgegeben von Gerhard Wehr. it 1412

– Theosophische Sendbriefe. Herausgegeben von Gerhard Wehr. it 1786

– Von der Gnadenwahl. Herausgegeben von Gerhard Wehr. it 1738

– Von der Menschwerdung Christi. Herausgegeben von Gerhard Wehr. it 1737

Boethius: Trost der Philosophie. Zweisprachige Ausgabe. Lateinisch und deutsch. Mit einem Nachwort von Ernst Ludwig Grasmück. it 1215

Denken mit Diderot und anderen Philosophen. Herausgegeben von Horst Günther. it 1746

Epiktet: Wege zum glücklichen Handeln. Aus dem Lateinischen von Wilhelm Capelle. it 1458

Epikur: Philosophie der Freude. Briefe, Hauptlehrsätze, Spruchsammlung, Fragmente. Übertragen und mit einem Nachwort versehen von Paul M. Laskowsky. it 1057

Bernulf Kanitscheider: Auf der Suche nach dem Sinn. it 1748

Kant-Brevier. Ein philosophisches Lesebuch für freie Minuten. Herausgegeben von Wilhelm Weischedel. it 61

Sören Kierkegaard: Tagebuch des Verführers. Aus dem Dänischen von Helene Ritzerfeld. it 405

Machiavelli für Manager. Sentenzen. Ausgewählt von Luigi und Elena Spagnol. it 1733

Niccolò Machiavelli: Der Fürst. Aus dem Italienischen von Friedrich von Oppeln-Bronikowski. Mit einem Nachwort von Horst Günther. it 1207

Marc Aurel: Selbstbetrachtungen. Aus dem Lateinischen von Otto Kiefer. Mit einem Vorwort von Klaus Sallmann. it 1374

Meister Eckhart: Das Buch der göttlichen Tröstung. Ins Neuhochdeutsche übertragen von Josef Quint. it 1005

167/1/12.95

Philosophie
im insel taschenbuch

Michel de Montaigne: Essais. Herausgegeben und mit einem Nachwort versehen von Ralph-Rainer Wuthenow. Revidierte Fassung der Übertragung von Johann Joachim Bode. it 220

Thomas Morus: Utopia. Mit einem Nachwort von Norbert Elias. it 1206

Franz Moser: Bewußtsein in Raum und Zeit. Grundlagen der holistischen Weltsicht. it 1797

Friedrich Nietzsche: Also sprach Zarathustra. Ein Buch für alle und keinen. Thomas Mann: Die Philosophie Nietzsches im Lichte unserer Erfahrung. it 145 und it 1638

– Der Antichrist. Versuch einer Kritik des Christentums. it 947

– Briefe. Ausgewählt von Richard Oehler. Mit einem Essay von Ralph-Rainer Wuthenow. it 1546

– Ecce homo. Mit einem Vorwort von Raoul Richter und einem Nachwort von Ralph-Rainer Wuthenow. it 290

– Die fröhliche Wissenschaft. Mit einem Nachwort von Ralph-Rainer Wuthenow. it 635

– Die Geburt der Tragödie aus dem Geiste der Musik. Mit einem Nachwort von Peter Sloterdijk. it 1012

– Gedichte. Herausgegeben von Karl Riha. it 1622

– Zur Genealogie der Moral. Eine Streitschrift. it 1308

– Götzen-Dämmerung oder Wie man mit dem Hammer philosophiert. it 822

– Jenseits von Gut und Böse. Mit der Streitschrift ›Zur Genealogie der Moral‹ und einem Nachwort von Ralph-Rainer Wuthenow. it 762

– Menschliches, Allzumenschliches. Ein Buch für freie Geister. Mit einem Nachwort von Ralph-Rainer Wuthenow. it 614

– Morgenröte. Gedanken über die moralischen Vorurteile. Mit einem Nachwort von Ralph-Rainer Wuthenow. it 678

– Über die Frauen. Herausgegeben und mit einem Nachwort versehen von Klaus Goch. it 1335

– Unzeitgemäße Betrachtungen. Mit einem Nachwort von Ralph-Rainer Wuthenow. it 509

– Vom Nutzen und Nachteil der Historie für das Leben. it 1236

– ›Wie man wird, was man ist.‹ Ermutigungen zum kritischen Denken. Herausgegeben von Ursula Michels-Wenz. it 1096

Jean Orieux: Das Leben des Voltaire. Aus dem Französischen von Julia Kirchner. Mit einer Zeittafel und einem kommentierten Personenregister. it 1651

167/2/12.95

Philosophie
im insel taschenbuch

Blaise Pascal: Größe und Elend des Menschen. Aus den »Pensées«. Auswahl, Übersetzung und Nachwort von Wilhelm Weischedel. it 441

Platon: Sämtliche Werke. Griechisch und deutsch. Nach der Übersetzung Friedrich Schleiermachers, ergänzt durch Übersetzungen von Franz Susemihl u.a. Griechischer Text nach der letztgültigen Gesamtausgabe der Association Guillaume Budé. Herausgegeben von Karlheinz Hülser. Zehn Bände in Kassette. it 1401-1410

– Apologie. Protagoras. Sämtliche Werke I. Ion. Protagoras. Apologie. Kriton. Laches. Lysis. Charmides. Griechisch und deutsch. it 1401

– Euthyphron. Gorgias. Sämtliche Werke II. Euthyphron. Alkibiades I. Gorgias. Menexenos. Griechisch und deutsch. it 1402

– Menon. Kratylos. Sämtliche Werke III. Menon. Kratylos. Euthydemos. Hippias maior. Griechisch und deutsch. it 1403

– Symposion. Phaidon. Sämtliche Werke IV. Hippias minor. Symposion. Phaidon. Griechisch und deutsch. it 1404

– Politeia. Sämtliche Werke V. Politeia. Griechisch und deutsch. it 1405

– Theaitetos. Phaidros. Sämtliche Werke VI. Phaidros. Theaitetos. Griechisch und deutsch. it 1406

– Sophistes. Politikos. Sämtliche Werke VII. Parmenides. Sophistes. Politikos. Griechisch und deutsch. it 1407

– Timaios. Kritias. Sämtliche Werke VIII. Philebos. Timaios. Kritias. Griechisch und deutsch. it 1408

– Nomoi. Sämtliche Werke IX. Nomoi. Griechisch und deutsch. it 1409

– Briefe. Sämtliche Werke X. Briefe. Unechtes. Griechisch und deutsch. it 1410

– Das Trinkgelage oder Über den Eros. Übertragung, Nachwort und Erläuterungen von Ute Schmidt-Berger. Mit einer Wirkungsgeschichte von Jochen Schmidt und griechischen Vasenbildern. it 681

Jean-Jacques Rousseau: Bekenntnisse. Aus dem Französischen von Ernst Hardt. Mit einer Einführung von Werner Krauss. it 823

Arthur Schopenhauer: Aphorismen zur Lebensweisheit. Vollständige Ausgabe mit Erläuterungen und Übersetzung der fremdsprachigen Zitate. Mit einem Nachwort von Hermann von Braunbehrens. Mit 16 Daguerreotypien und Fotos und Bilderläuterungen von Arthur Hübscher. it 223

– Die Kunst, Recht zu behalten. Herausgegeben und mit einem Nachwort versehen von Franco Volpi. it 1658

Arthur Schopenhauer. Leben und Werk in Texten und Bildern. Herausgegeben von Angelika Hübscher. it 1059

Seneca für Manager. Sentenzen. Ausgewählt und übersetzt von Gerhard Schoeck. it 1656

167/3/12.95

Philosophie
im insel taschenbuch

Seneca: Vom glücklichen Leben. Philosophische Schriften und Briefe. Herausgegeben und aus dem Lateinischen übertragen von Heinz Berthold. it 1457

– Von der Seelenruhe. Philosophische Schriften und Briefe. Herausgegeben und aus dem Lateinischen übertragen von Heinz Berthold. it 743

Voltaire: Candide oder der Optimismus. Mit Zeichnungen von Paul Klee. it 11

167/4/12.95

Die Antike
im insel taschenbuch

Apuleius: Der goldene Esel. Mit Illustrationen von Max Klinger zu ›Amor und Psyche‹. Aus dem Lateinischen von August Rode. Mit einem Nachwort von Wilhelm Haupt. it 146

Augustinus: Bekenntnisse. Lateinisch und deutsch. Eingeleitet, übersetzt und erläutert von Joseph Bernhart. Mit einem Vorwort von Ernst Ludwig Grasmück. it 1002

Boethius: Trost der Philosophie. Zweisprachige Ausgabe. Lateinisch und deutsch. Mit einem Nachwort von Ernst Ludwig Grasmück. it 1215

Roberto Calasso: Die Hochzeit von Kadmos und Harmonia. Aus dem Italienischen von Moshe Kahn. it 1476

Catull: Sämtliche Gedichte. Lateinisch und deutsch. Aus dem Lateinischen von Carl Fischer. Mit einem Nachwort von Bernhard Kytzler. it 1736

Epiktet: Wege zum glücklichen Handeln. Aus dem Lateinischen von Wilhelm Capelle. it 1458

Epikur: Philosophie der Freude. Briefe, Hauptlehrsätze, Spruchsammlung, Fragmente. Übertragen und mit einem Nachwort versehen von Paul M. Laskowsky. it 1057

Götter, Spötter und Verrückte. Antike Anekdoten. Herausgegeben von Gerhard Fink. it 1720

Griechisches Theater. Aischylos: Die Perser. Die Sieben gegen Theben. Sophokles: Antigone. König Ödipus. Elektra. Aristophanes: Die Vögel. Lysistrata. Menander: Das Schiedsgericht. Deutsch von Wolfgang Schadewaldt. it 721

Homer: Ilias. Neue Übertragung von Wolfgang Schadewaldt. Mit antiken Vasenbildern. it 153

Ilias. Odyssee. In der Übertragung von Johann Heinrich Voß. it 1204

Longus: Daphnis und Chloë. Ein antiker Liebesroman. Aus dem Griechischen übersetzt und mit einem Nachwort von Arno Mauersberger. Mit Illustrationen der »Edition du Régent«. it 136

Marc Aurel: Selbstbetrachtungen. Aus dem Lateinischen von Otto Kiefer. Mit einem Vorwort von Klaus Sallmann. it 1374

Ovid: Liebeskunst. Nach der Übersetzung von W. Hertzberg. Bearbeitet von Franz Burger-München. Mit Abbildungen nach etruskischen Wandmalereien. it 164

– Metamorphosen. In der Übertragung von Johann Heinrich Voß. Mit den Radierungen von Pablo Picasso und einem Nachwort von Bernhard Kytzler. it 1237

174/1/12.95

Die Antike
im insel taschenbuch

Platon: Das Trinkgelage oder Über den Eros. Übertragung, Nachwort und Erläuterungen von Ute Schmidt-Berger. Mit einer Wirkungsgeschichte von Jochen Schmidt und griechischen Vasenbildern. it 681

Sappho. Neu übertragen und kommentiert von Stefanie Preiswerk-zum Stein. Mit farbigen Abbildungen. it 1229

Sappho: Strophen und Verse. Übersetzt und herausgegeben von Joachim Schickel. it 309

Gustav Schwab: Sagen des klassischen Altertums. 3 Bde. Mit sechsundneunzig Zeichnungen von John Flaxman und einem Nachwort von Manfred Lemmer. it 127

Seneca für Manager. Sentenzen. Ausgewählt und übersetzt von Gerhard Schoeck. it 1656

Seneca: Vom glücklichen Leben. Philosophische Schriften und Briefe. Herausgegeben und aus dem Lateinischen übertragen von Heinz Berthold. it 1457

– Von der Seelenruhe. Philosophische Schriften und Briefe. Herausgegeben und aus dem Lateinischen übertragen von Heinz Berthold. it 743

Sophokles: Aias. Übertragen von Wolfgang Schadewaldt. Herausgegeben von Hellmut Flashar. Mit zahlreichen Abbildungen. it 1562

– Antigone. Übertragen und herausgegeben von Wolfgang Schadewaldt. Mit einem Nachwort, einem Aufsatz, Wirkungsgeschichte und Literaturhinweisen. it 70

– Antigone. Übersetzt von Hölderlin. Bearbeitet von Martin Walser und Edgar Selge. it 1248

– Elektra. Übertragen von Wolfgang Schadewaldt. Herausgegeben von Hellmut Flashar. Mit zahlreichen Abbildungen. it 1616

– König Ödipus. Übertragen und herausgegeben von Wolfgang Schadewaldt. Mit einem Nachwort, drei Aufsätzen, Wirkungsgeschichte und Literaturnachweisen. it 15

– Ödipus auf Kolonos. Übertragen von Wolfgang Schadewaldt. Herausgegeben von Hellmut Fischer. Mit zahlreichen Abbildungen. it 1782

Tacitus: Germania. Zweisprachig. Übertragen und erläutert von Arno Mauersberger. it 471

174/2/12.95

Französische Literatur im insel taschenbuch

Alain: Sich beobachten heißt sich verändern. Betrachtungen. Auswahl, Übersetzung und Nachwort von Franz Josef Krebs. Neuübersetzung. it 1559

Honoré de Balzac: Eugénie Grandet. Aus dem Französischen von Gisela Etzel. Herausgegeben von Eberhard Wesemann. it 1127

– Die Frau von dreißig Jahren. Aus dem Französischen übertragen von Werner Blochwitz. it 460

– Glanz und Elend der Kurtisanen. Aus dem Französischen von Felix Paul Greve. it 1232

– Tolldreiste Geschichten. Aus dem Französischen von Benno Rüttenauer. Mit Illustrationen von Gustave Doré. it 911

– Vater Goriot. Aus dem Französischen von Franz Hessel. Herausgegeben von Erika Wesemann. it 1167

Charles Baudelaire: Die Blumen des Bösen. Übertragen von Carlo Schmid. it 120

Pierre Augustin Caron de Beaumarchais: Die Figaro-Trilogie. Der Barbier von Sevilla oder Die nutzlose Vorsicht. Der tolle Tag oder Figaros Hochzeit. Die Schuld der Mutter oder Ein zweiter Tartuffe. Deutsch von Gerda Scheffel. Nachwort von Norbert Miller. Mit zeitgenössischen Illustrationen. it 228

George Clémenceau: Claude Monet. Betrachtungen und Erinnerungen eines Freundes. Mit farbigen Abbildungen und einem Nachwort von Gottfried Boehm. it 1152

Alphonse Daudet: Briefe aus meiner Mühle. Aus dem Französischen von Alice Seiffert. it 446

– Tartarin von Tarascon. Die wunderbaren Abenteuer des Tartarin von Tarascon. Mit 45 Zeichnungen von Emil Preetorius. it 84

Denis Diderot: Die Nonne. Mit einem Nachwort von Robert Mauzi, die Übersetzung des Nachworts besorgte Margaret Carroux. it 31

Alexandre Dumas fils: Die Kameliendame. Aus dem Französischen von Walter Hoyer. Mit Illustrationen von Paul Gavarni. it 546

Alexandre Dumas père: Die drei Musketiere. Aus dem Französischen von Herbert Bräuning. it 1131

– Der Graf von Monte Christo. 2 Bde. Bearbeitung einer alten Übersetzung von Meinhard Hasenbein. Mit Illustrationen von Pavel Brom und Dagmar Bromova. it 266

Gustave Flaubert: Bouvard und Pécuchet. Aus dem Französischen übersetzt von Georg Goyert. Mit Illustrationen von András Karakas. Mit einem Vorwort von Victor Brombert und einem Nachwort von Uwe Japp. it 373

152/1/12.95

Französische Literatur
im insel taschenbuch

Gustave Flaubert: Lehrjahre des Gefühls. Geschichte eines jungen Mannes. Übertragen von Paul Wiegler. Mit einem Essay und einer Bibliographie von Erich Köhler. it 276

– Madame Bovary. Revidierte Übersetzung aus dem Französischen von Arthur Schurig. it 167

– November. Aus dem Französischen von Ernst Sander. Mit einem Nachwort von Monika Bosse. it 1765

– Salammbô. Herausgegeben und mit einem Nachwort versehen von Monika Bosse und André Stoll. Aus dem Französischen übersetzt von Georg Brustgi. it 342

– Ein schlichtes Herz und andere Erzählungen. Aus dem Französischen von Cora van Kleffens und André Stoll. Großdruck. it 2314

Victor Hugo: Der Glöckner von Notre-Dame. Roman. Aus dem Französischen von Else von Schorn. Mit zeitgenössischen Illustrationen. it 1781

Choderlos de Laclos: Schlimme Liebschaften. Mit 14 Kupferstichen. Übertragen und eingeleitet von Heinrich Mann. it 12

Jean de La Fontaine: Die schönsten Fabeln. Aus dem Französischen von Thomas Keck. Mit farbigen Illustrationen von Rolf Köhler und einem Nachwort von Jürgen von Stackelberg. it 1451

Gaston Leroux: Die blutbefleckte Puppe. Roman. Aus dem Französischen von Annegret Sellier. it 1567

Guy de Maupassant: Bel-Ami. Aus dem Französischen von Josef Halperin. Mit zeitgenössischen Illustrationen. it 280

Prosper Mérimée: Carmen. Mit Zeichnungen von Pablo Picasso. Aus dem Französischen übersetzt von Franz Schnabel. it 361

Honoré-Gabriel Mirabeau: Der gelüftete Vorhang oder Lauras Erziehung. Aus dem Französischen von Eva Moldenhauer. Nachbemerkung von Norbert Miller. it 32

Molière: Der eingebildete Kranke. Aus dem Französischen von Johanna Walser und Martin Walser. it 1014

– Der Menschenfeind. Nach dem Französischen des Molière von Hans Magnus Enzensberger. it 401

Michel de Montaigne: Essais. Herausgegeben und mit einem Nachwort versehen von Ralph-Rainer Wuthenow. Revidierte Fassung der Übertragung von Johann Joachim Bode. it 220

– Tagebuch einer Reise durch Italien. Aus dem Französischen von Otto Flake. it 1074

Blaise Pascal: Größe und Elend des Menschen. Aus den »Pensées«. Auswahl, Übersetzung und Nachwort von Wilhelm Weischedel. it 441

152/2/12.95

Französische Literatur im insel taschenbuch

François Rabelais: Gargantua und Pantagruel. Mit Illustrationen von Gustave Doré. Herausgegeben von Horst und Edith Heintze. Erläutert von Horst Heintze und Rolf Müller. 2 Bände. Übersetzung auf Grund der maßgebenden französischen Ausgabe, unter Benutzung der deutschen Fassung von Ferdinand Adolf Gelbcke. it 77

Arthur Rimbaud: Sämtliche Werke. Französisch und deutsch. Übertragen von Sigmar Löffler und Dieter Tauchmann. Mit Erläuterungen zum Werk und einer Chronologie zum Leben Arthur Rimbauds, neu durchgesehen von Thomas Keck. it 1398

Jean-Jacques Rousseau: Bekenntnisse. Aus dem Französischen von Ernst Hardt. Mit einer Einführung von Werner Krauss. it 823

Marquis de Sade: Justine oder Die Leiden der Tugend. Mit einem Essay von Albert Camus. Aus dem Französischen von Raoul Haller. it 1257

– Verbrechen der Liebe. Heroische und tragische Novellen. Aus dem Französischen von Christian Barth. it 1448

George Sand: Geschichte meines Lebens. Aus ihrem autobiographischen Werk ausgewählt und mit einer Einleitung versehen von Renate Wiggershaus. it 313

– Indiana. Aus dem Französischen von A. Seubert. Mit einem Essay von Annegret Stopczyk. it 711

– Lélia. Aus dem Französischen von Anna Wheill. Mit einem Essay von Nike Wagner. it 737

– Lucrezia Floriani. Roman. Aus dem Französischen von Anna Wheill. it 858

– Das Teufelsmoor. Aus dem Französischen von Helene und Herbert Kühn. Mit Illustrationen von Tony Johannot. it 943

Misia Sert: Pariser Erinnerungen. Aus dem Französischen von Hedwig Andertann. Mit einem Bildteil. it 1180

Anne Germaine Madame de Staël: Über Deutschland. Vollständige und neu durchgesehene Fassung der deutschen Erstausgabe von 1814 in der Gemeinschaftsübersetzung von Friedrich Buchholz, Samuel Heinrich Catel und Julius Eduard Hitzig. Herausgegeben und mit einem Nachwort versehen von Monika Bosse. Mit einem Register, Anmerkungen und einer Bilddokumentation. it 623

Stendhal: Die Kartause von Parma. Vollständige Ausgabe. Aus dem Französischen von Arthur Schurig. it 1222

– Rot und Schwarz. Vollständige Ausgabe. Aus dem Französischen von Arthur Schurig. Mit einem Nachwort von Uwe Japp. it 1210

– Über die Liebe. Vollständige Ausgabe. Aus dem Französischen und mit einer Einführung von Walter Hoyer. it 124

152/3/12.95

Französische Literatur im insel taschenbuch

Paul Verlaine: Poetische Werke. Französisch und deutsch. Übertragen von Sigmar Löffler. it 1556

François Villon: Sämtliche Dichtungen. Zweisprachige Ausgabe. Aus dem Französischen von Walther Küchler. it 1039

Voltaire: Candide oder der Optimismus. Mit Zeichnungen von Paul Klee. it 11

– Sämtliche Romane und Erzählungen. Mit einer Einleitung von Victor Klemperer und Stichen von Moreau le jeune. Aus dem Französischen übersetzt von Ilse Lehmann. it 209

Emile Zola: Das Geld. Aus dem Französischen von Leopold Rosenzweig. it 1749

– Germinal. Aus dem Französischen von Armin Schwarz. Mit Illustrationen von Renate Sendler-Peters. it 720

– Nana. Aus dem Französischen und mit einem Nachwort versehen von Erich Marx. Illustrationen von Renate Sendler-Peters. it 398

– Thérèse Raquin. Aus dem Französischen von Ernst Hardt. it 1146

152/4/12.95